Class / Mössinger

Die Rechte der Frau im Arbeitsverhältnis

Die Rechte der Frau im Arbeitsverhältnis

Das Gleichstellungsgesetz

Gleicher Lohn für gleichwertige Arbeit

Sexuelle Belästigung

Schwangerschaft und Mutterschaft

Schutzvorschriften des Arbeitsgesetzes

Freizügigkeitsleistung

von

Edi Class   und   **Rainer Mössinger**
Dr. iur., Rechtsanwalt   Lic. iur., Rechtsanwalt

Schulthess Polygraphischer Verlag Zürich 1996

© Schulthess Polygraphischer Verlag AG, Zürich 1996
ISBN 3 7255 3441 1

Inhaltsübersicht

Vorwort — 13

1. Kapitel Das Gleichstellungsgesetz — 15
1. Die Notwendigkeit — 15
2. Allgemeines Diskriminierungsverbot — 17
3. Diskriminierung durch sexuelle Belästigung — 19
4. Rechtsansprüche — 22

2. Kapitel Gleicher Lohn für gleichwertige Arbeit — 34
1. Verfassungsrechtliche Grundlage — 34
2. Geltungsbereich des Lohngleichheitsgebotes — 34
3. Lohnvergleich und Arbeitsplatzbewertung — 37
4. Gleichwertigkeit der Arbeit — 40
5. Der Umfang des Diskriminierungsverbotes — 45
6. Die Ungültigkeit von diskriminierenden Lohnvereinbarungen — 50
7. Durchsetzung des Lohngleichheitsprinzips — 52

3. Kapitel Sexuelle Belästigung — 55
1. Gesetzliche Grundlagen für den Rechtsschutz — 55
2. Rechtsschutz gegenüber dem Arbeitgeber — 56
3. Rechtsschutz gegenüber dem Täter — 58

4. Kapitel Schwangerschaft und Mutterschaft — 61
1. Anstellung und Probezeit — 61
2. Kündigungsschutz — 62
3. Gesundheitsschutz — 65
4. Lohnzahlung bei Arbeitsausfall — 67
5. Ferienkürzung — 72
6. Hausgemeinschaft mit dem Arbeitgeber — 72

5. Kapitel	Die besonderen Schutzvorschriften des Arbeitsgesetzes	73
1. Allgemeines		73
2. Persönlicher und betrieblicher Geltungsbereich		74
3. Die verbotenen Arbeiten		75
4. Die Arbeits- und Ruhezeit		77
5. Verbot der Sonntags- und Nachtarbeit		78
6. Schutz bei Doppelbelastung		79
6. Kapitel	Die Freizügigkeitsleistung in der beruflichen Vorsorge	80
1. Freizügigkeitsleistung und Ehescheidung		80
2. Die Barauszahlung der Freizügigkeitsleistung		81

Anhang

Beispiel eines Katalogs für die Arbeitsplatzbewertung	84
Musterreglement: Sexuelle Belästigung	86
Gesetzestexte:	
– Gleichstellungsgesetz	90
– Auszug aus dem Schweizerischen Obligationenrecht	96
– Auszug aus dem Arbeitsgesetz und den dazu gehörenden Verordnungen	98
Abkürzungsverzeichnis	102
Literaturhinweise	104

Inhaltsverzeichnis

Vorwort   13

1. Kapitel   Das Gleichstellungsgesetz   15

1. Die Notwendigkeit   15
   - 1.1 Verfassungsrechtliche Grundlage   15
   - 1.2 Ungleichbehandlung von Mann und Frau im Erwerbsleben   15
   - 1.3 Ziel des Gleichstellungsgesetzes   16
   - 1.4 Geltung für alle Arbeitsverhältnisse   16

2. Allgemeines Diskriminierungsverbot   17
   - 2.1 Unzulässigkeit direkter und indirekter Benachteiligungen aufgrund des Geschlechts   17
   - 2.2 Rechtfertigungsgründe für unterschiedliche Behandlung von Frauen und Männern   18

3. Diskriminierung durch sexuelle Belästigung   19
   - 3.1 Was ist sexuelle Belästigung?   19
   - 3.2 Verhinderung von sexueller Belästigung: Pflicht des Arbeitgebers   20
     - a) Grundsatzerklärung   20
     - b) Information und Schulung   21
     - c) Verfahrensregelung   21

4. Rechtsansprüche   22
   - 4.1 Allgemeine Ansprüche   22
     - a) Wenn eine Diskriminierung droht: Unterlassungsanspruch   22
     - b) Wenn die Diskriminierung erfolgt ist: Beseitigungsanspruch   22
     - c) Wenn die Diskriminierung nicht mehr beseitigt werden kann: Feststellungsanspruch   23
     - d) Schadenersatz und Genugtuung   24
   - 4.2 Anspruch auf gleichen Lohn   24

4.3	Entschädigungsansprüche	25
	a) Bei diskriminierender Ablehnung der Anstellung	25
	b) Nach sexueller Belästigung	26
	c) Wegen diskriminierender Kündigung im privatrechtlichen Arbeitsverhältnis	27
4.4	Zusätzliche vertragliche Ansprüche	27
4.5	Kündigungsschutz nach Beschwerde	27
	a) Anfechtbarkeit von Kündigungen ohne begründeten Anlass	27
	b) Keine absolute Geltung des Kündigungsschutzes	28
	c) Dauer des Kündigungsschutzes	29
	d) Anfechtung vor Ablauf der Kündigungsfrist	29
	e) Entschädigungsanspruch als Alternative	29
4.6	Verbandsklage	29
4.7	Verfahrensregelungen	30
	a) Beweislasterleichterung	30
	b) Kostenlosigkeit	31
	c) Schlichtungs- und Gerichtsverfahren	32
	aa) Schlichtungsverfahren	32
	bb) Gerichtsverfahren	32
	d) Der Rechtsschutz bei öffentlichrechtlichen Arbeitsverhältnissen	33

2. Kapitel   Gleicher Lohn für gleichwertige Arbeit — 34

1.	Verfassungsrechtliche Grundlage	34
2.	Geltungsbereich des Lohngleichheitsgebotes	34
2.1	Privat- und öffentlichrechtliche Arbeitsverhältnisse	34
	a) Privatrechtliche Arbeitsverhältnisse	34
	b) Öffentlichrechtliche Dienstverhältnisse	35
2.2	Zeitliche Geltung	35
	a) Bei privatrechtlichen Arbeitsverhältnissen	35
	b) Bei öffentlichrechtlichen Dienstverhältnissen	35
2.3	Örtliche Geltung und regionale Unterschiede	37

3. Lohnvergleich und Arbeitsplatzbewertung — 37
   3.1 Lohntransparenz — 37
   3.2 Arbeitsbewertungsverfahren — 38
   3.3 Mögliche Diskriminierungsquellen bei Arbeitsbewertungsverfahren — 39
4. Gleichwertigkeit der Arbeit — 40
   4.1 Gleichartige und gleichwertige Arbeit — 40
   4.2 Bessere Ausbildung als Grund für höheren Lohn — 41
   4.3 Berücksichtigung sämtlicher Arbeitsvorgänge — 42
   4.4 Typische Frauenberufe und typische Männerberufe — 43
   4.5 Keine Diskriminierung aufgrund von Schutzbestimmungen des Arbeitsgesetzes — 44
   4.6 Keine Diskriminierung als Folge der traditionellen Aufgabenteilung — 44
   4.7 Unwichtige Unterschiede — 45
5. Der Umfang des Diskriminierungsverbotes — 45
   5.1 Direkte und indirekte Lohndiskriminierung — 45
   5.2 Der vergleichbare Lohn — 46
   5.3 Sozialzulagen als Lohnbestandteil — 47
   5.4 Diskriminierungsverbot nach Beendigung des Arbeitsverhältnisses — 48
   5.5 Keine Mindestlohngarantie — 49
   5.6 Geltung auch bei geringfügigen Lohndifferenzen — 49
6. Die Ungültigkeit von diskriminierenden Lohnvereinbarungen — 50
   6.1 Einzelarbeitsvertrag — 50
   6.2 Gesamtarbeitsvertrag — 50
   6.3 Verzichtsverbot — 52
7. Durchsetzung des Lohngleichheitsprinzips — 52
   7.1 Checkliste für Arbeitnehmerinnen — 52
   7.2 Öffentliche Vergabe von Bundesaufträgen — 53
   7.3 Rechtliche Durchsetzung — 53

3. Kapitel Sexuelle Belästigung — 55

1. Gesetzliche Grundlagen für den Rechtsschutz — 55
2. Rechtsschutz gegenüber dem Arbeitgeber — 56
   - 2.1 Vorbeugungsmassnahmen und Entschädigungspflicht — 56
   - 2.2 Recht zur Verweigerung der Arbeitsleistung — 56
   - 2.3 Recht zur fristlosen Kündigung — 57
   - 2.4 Schadenersatz — 57
   - 2.5 Genugtuung — 58
3. Rechtsschutz gegenüber dem Täter — 58
   - 3.1 Persönlichkeitsschutz — 58
   - 3.2 Strafverfahren — 59

4. Kapitel Schwangerschaft und Mutterschaft — 61

1. Anstellung und Probezeit — 61
   - 1.1 Pflicht zur Offenbarung? — 61
   - 1.2 Keine Probezeitverlängerung — 62
2. Kündigungsschutz — 62
   - 2.1 Sperrfrist — 62
   - 2.2 Nichtigkeit der Kündigung oder Stillstand der Kündigungsfrist — 63
   - 2.3 Schwangerschaftsbeginn — 64
   - 2.4 Zusätzliche Sperrfristen — 64
   - 2.5 Zulässigkeit eines Aufhebungsvertrages — 64
   - 2.6 Kein Schutz gegen gerechtfertigte fristlose Kündigung — 65
3. Gesundheitsschutz — 65
   - 3.1 Absenzen ohne Arztzeugnis — 65
   - 3.2 Gesundheitsschädigende und beschwerliche Arbeiten — 65
   - 3.3 Arbeitsverbot nach der Niederkunft — 66
   - 3.4 Erforderliche Zeit zum Stillen — 67

4. Lohnzahlung bei Arbeitsausfall ... 67
   4.1 Verhinderung der Arbeitnehmerin ... 67
      a) Lohnfortzahlung je nach Dienstalter ... 67
      b) Taggeldversicherung ... 69
      c) Wenn ein krankes Kind betreut werden muss ... 70
   4.2 Verhinderungsgründe im Verantwortungsbereich des Arbeitgebers ... 70
      a) Wenn die Arbeit zu schwer ist ... 71
      b) Bei Freistellung ... 71
      c) Wenn der Betrieb geschlossen wird ... 71
5. Ferienkürzung ... 72
6. Hausgemeinschaft mit dem Arbeitgeber ... 72

5. Kapitel   Die besonderen Schutzvorschriften des Arbeitsgesetzes ... 73

1. Allgemeines ... 73
2. Persönlicher und betrieblicher Geltungsbereich ... 74
3. Die verbotenen Arbeiten ... 75
   a) Für alle Arbeitnehmerinnen ... 75
   b) Für Frauen unter 40 Jahren ... 75
   c) Für Jugendliche ... 75
   d) Für Schwangere und stillende Mütter ... 76
4. Die Arbeits- und Ruhezeit ... 77
5. Verbot der Sonntags- und Nachtarbeit ... 78
6. Schutz bei Doppelbelastung ... 79

6. Kapitel Die Freizügigkeitsleistung in der beruflichen Vorsorge 80

1. Freizügigkeitsleistung und Ehescheidung 80
2. Die Barauszahlung der Freizügigkeitsleistung 81

Anhang

Beispiel eines Katalogs für die Arbeitsbewertung 84

Musterreglement: Sexuelle Belästigung 86

Gesetzestexte:
- Gleichstellungsgesetz 90
- Auszug aus dem Schweizerischen Obligationenrecht 96
- Auszug aus dem Arbeitsgesetz und den dazu gehörenden Verordnungen 98

Abkürzungsverzeichnis 102

Literaturhinweise 104

Vorwort

Seit 1981 ist der Anspruch von Frauen und Männern auf gleichen Lohn für gleichwertige Arbeit in der Bundesverfassung verankert. Die Praxis aber tut sich mit diesem Grundsatz schwer: Nach wie vor sind Arbeitsverhältnisse verbreitet, bei denen die Löhne von Frauen ohne hinreichende Begründung erheblich tiefer (bis zu 40%)[1] liegen als entsprechende Männerlöhne. Bis 1994 gab es nur etwa 15 Lohngleichheitsklagen, die mittels Urteil entschieden wurden. Immer wieder stellen sich Arbeitnehmerinnen und Arbeitgeber die Frage, nach welchen Massstäben die Gleichwertigkeit der Arbeit zu beurteilen ist und wie die Lohngleichheit durchgesetzt werden kann. Auf den 1. Juli 1996 wird nun das Bundesgesetz über die Gleichstellung von Frau und Mann in Kraft gesetzt. Dieses Gesetz statuiert ein allgemeines Diskriminierungsverbot, wonach Arbeitnehmerinnen und Arbeitnehmer aufgrund ihres Geschlechts nicht benachteiligt werden dürfen. Mit Hilfe der darin vorgesehenen Rechtsansprüche soll die nach wie vor bestehende Diskriminierung von Frauen in der Arbeitswelt abgebaut werden.

Mit dem Gleichstellungsgesetz und der dadurch grundlegend verbesserten Rechtsstellung der Frau im Arbeitsverhältnis befasst sich das erste Kapitel, an welches die Darstellung der Lohngleichheitsfrage anknüpft. Auch die Diskriminierung durch sexuelle Belästigung ist sodann eine Tatsache, mit der fast ausschliesslich Frauen konfrontiert sind. Dem dafür vorhandenen Rechtsschutz haben wir daher einen eigenen Abschnitt gewidmet. Die Stellung der Frauen im Arbeitsverhältnis wird darüber hinaus durch besondere Regelungen für Schwangerschaft und Mutterschaft sowie allgemeine Vorschriften über den Gesundheitsschutz von Frauen bestimmt. Auch diese Themen werden deshalb eingehend behandelt.

Das Buch will den Leserinnen und Lesern einen raschen und umfassenden Überblick über die Rechtsstellung der Frau im Arbeitsverhältnis ermöglichen. Es soll Personalverantwortlichen, Arbeitgebern und Vorgesetzten helfen, sich mit den rechtlichen Grundlagen vertraut zu machen und ihre Aufgabe gesetzeskonform zu erfüllen. Als praxisorientierte Übersicht für Juristinnen und Juristen enthält es zahlreiche ergänzende Anmerkungen und Hinweise auf Gesetz, Literatur und Rechtsprechung. Durch die klare Strukturierung hoffen wir, auch Arbeitnehmerinnen die notwendigen Informationen zu bieten, damit sie ihre Rechte wahrnehmen können.

---

[1] Vischer § 10 I 4 (Fussnote 23).

Sprachlich halten wir uns in der Regel an die weibliche Form, auch dann wenn die rechtlichen Bestimmungen geschlechtsunabhängig gelten. Indessen haben wir für den Arbeitgeber der Einfachkeit halber die männliche Form gewählt, was auch insofern gerechtfertigt ist, als Unternehmungen in der Regel durch männliche Hierarchien geprägt sind.

Februar 1996   *Edi Class   Rainer Mössinger*

1. Kapitel
Das Gleichstellungsgesetz

1. Die Notwendigkeit

1.1 Verfassungsrechtliche Grundlage

Die schweizerische Bundesverfassung bestimmt in Art. 4 Abs. 2:

> *Mann und Frau sind gleichberechtigt. Das Gesetz sorgt für ihre Gleichstellung, vor allem in Familie, Ausbildung und Arbeit. Mann und Frau haben Anspruch auf gleichen Lohn für gleichwertige Arbeit.*

Der erste Satz untersagt jegliche Diskriminierung aufgrund des Geschlechts. Indessen hat das Diskriminierungsverbot keine direkte Wirkung zwischen Privatpersonen, sondern richtet sich nur an die Behörden. Mit dem zweiten Satz wird deshalb der Gesetzgeber beauftragt, die Gleichstellung von Mann und Frau zu verwirklichen. Lediglich das Gebot der Lohngleichheit begründet gemäss drittem Satz einen direkten, gerichtlich durchsetzbaren Anspruch (vgl. dazu 2. Kap. 7.2).

1.2 Ungleichbehandlung von Mann und Frau im Erwerbsleben

Trotz Lohngleichheitsgrundsatz verdienen Frauen im Durchschnitt auch heute noch deutlich weniger als Männer. Lohngleichheitsklagen blieben vor allem im privaten Bereich sehr selten, was angesichts der Dauer und Kostspieligkeit solcher Prozesse und der Unsicherheit des Prozessausganges verständlich ist. Aber nicht nur die Beweisprobleme bezüglich der Gleichwertigkeit einer Arbeit, sondern auch die Angst vor einer Entlassung und ein diesbezüglich ungenügender Rechtsschutz erschwerten bis anhin die gerichtliche Durchsetzung der Lohngleichheit.

Unterschiede zu Lasten der Arbeitnehmerinnen zeigen sich sodann nicht nur direkt beim Lohn, sondern etwa auch bei der beruflichen Stellung (z.B. wenig Frauen in Kaderpositionen), bei der gesellschaftlichen Bewertung von traditionellen Frauenberufen oder der höheren Arbeitslosigkeit auf Seiten der Frauen.

Als eine der wichtigsten Ursachen für die Ungleichbehandlung fällt zweifellos die Rollenverteilung zwischen Frauen und Männern in Betracht: Hausarbeit und Kindererziehung werden nach wie vor meistens von den Frauen übernommen. Die Arbeitsbedingungen bevorzugen demgegenüber Männer, welche von den familiären und häuslichen Verpflichtungen befreit sind.

Auf Grund der verschiedenen diskriminierenden gesellschaftlichen Faktoren, welche nicht erst am Arbeitsplatz selbst zur Geltung kommen, genügt die direkt angestrebte Beseitigung des Lohnunterschiedes nicht, um die Gleichstellung der Frauen im Erwerbsleben zu verwirklichen.

1.3 Ziel des Gleichstellungsgesetzes

Das Gleichstellungsgesetz zielt deshalb nicht nur auf die Erleichterung bei der Durchsetzung des Anspruchs auf gleichen Lohn ab. Es statuiert vor allem ein generelles Diskriminierungsverbot im Arbeitsverhältnis mit entsprechenden Schutzbestimmungen. Darüberhinaus enthält es auch die gesetzliche Grundlage für das eidgenössische Gleichstellungsbüro, dessen Aufgaben über die Gleichstellung im beruflichen Bereich hinausgehen.

1.4 Geltung für alle Arbeitsverhältnisse

Dem Gesetz (Inkraftsetzung: 1. Juli 1996) sind **sämtliche** Arbeitsverhältnisse unterworfen. Es ist nicht nur auf die **privatrechtlichen** Anstellungsverhältnisse nach Obligationenrecht, sondern auch auf die **öffentlichrechtlichen** Anstellungen, d.h. auf das Personal des Bundes, der Kantone und Gemeinden, anwendbar. Für privatrechtliche und öffentlichrechtliche Arbeitsverhältnisse unterschiedlich geregelt ist indessen das Verfahren zur Durchsetzung von Ansprüchen und insbesondere der Schutz bei diskriminierenden Entlassungen (vgl. dazu 4.7 c und d).

2. Allgemeines Diskriminierungsverbot

2.1 Unzulässigkeit direkter und indirekter Benachteiligungen aufgrund des Geschlechts

Das Gesetz verbietet allgemein eine **Benachteiligung** von Arbeitnehmerinnen und Arbeitnehmern **aufgrund des Geschlechts** (Art. 3 GlG). Arbeitsvertragliche Bestimmungen, die dem Diskriminierungsverbot widersprechen, sind deshalb nichtig. Das Verbot betrifft das gesamte Arbeitsverhältnis, also neben dem Lohn auch die Anstellung, Aufgabenzuteilung, Gestaltung der Arbeitsbedingungen, Aus- und Weiterbildung, Beförderung und Entlassung. Die Rechtswidrigkeit setzt nicht voraus, dass die Benachteiligung mit Absicht des Arbeitgebers erfolgt.

Art. 3 GlG verbietet jegliche Diskriminierung aufgrund des Geschlechtes, unabhängig davon, ob es sich um eine direkte oder indirekte Diskriminierung handelt. Eine **direkte** Diskriminierung liegt z.B. dann vor, wenn Frauen und Männer für gleiche Arbeit unterschiedlich entlöhnt werden. **Indirekt** ist demgegenüber eine Diskriminierung, sofern eine typisch weibliche Tätigkeit schlechter entlöhnt wird als eine typisch männliche oder wenn die Kriterien bei der Arbeitsplatzbewertung eher männliche Fähigkeiten berücksichtigen als weibliche. Indirekt können Frauen z.B. auch durch eine Massnahme diskriminiert werden, welche Teilzeitangestellte gegenüber Vollzeitangestellten benachteiligt, falls deutlich mehr Frauen teilzeitbeschäftigt sind als Männer. Die Diskriminierung ist mit anderen Worten direkt, wenn sie ausschliesslich auf der Geschlechtszugehörigkeit oder einem Kriterium beruht, das nur von einem der beiden Geschlechter erfüllt werden kann. Sie ist indirekt, wenn ein Kriterium zwar auf Frauen und Männer anwendbar ist, jedoch dadurch die Angehörigen eines Geschlechts tatsächlich erheblich beeinträchtigt werden. Eine an sich geschlechtsneutrale Regelung führt hier dazu, dass im Ergebnis trotzdem das eine Geschlecht benachteiligt wird.

> **Beispiel:**
>
> Muss über die vertraglich vereinbarte Arbeitszeit hinaus Arbeit geleistet werden, so liegt Überstundenarbeit vor. Häufig enthalten nun Arbeitsverträge die Bestimmung, dass der normale Überstundenzuschlag von 25% erst ausgerichtet wird, wenn die Arbeitszeit eines Vollzeitpensums überschritten ist. Im Gegensatz zu Vollzeitbeschäftigten er-

halten somit Teilzeitbeschäftigte den Zuschlag nicht immer schon dann, wenn sie ihre vertragliche Arbeitszeit überschreiten. Da Teilzeitarbeit typische Frauenarbeit ist, können dadurch überwiegend Frauen benachteiligt werden.

Das Arbeitsgericht Hamburg erachtete aus diesem Grund die Bestimmung des Bundesangestelltentarifvertrages für den öffentlichen Dienst, wonach Überstundenvergütungen nur bei Überschreitung der tariflichen Regelarbeitszeit auszurichten waren, als ungültig.[2]

2.2 Rechtfertigungsgründe für unterschiedliche Behandlung von Frauen und Männern

Eine unterschiedliche Behandlung ist nur zulässig, sofern die **Unterscheidung sachlich gerechtfertigt** ist. So kann die Geschlechtszugehörigkeit ausnahmsweise für die Ausübung einer bestimmten Arbeit massgebend sein (z.B. Mannequin für Damenbekleidung, Schauspieler für männliche Filmrolle). Sachlich gerechtfertigt sind aber zudem auch Massnahmen, die, obwohl sie auf ein geschlechtstypisches Merkmal abstellen, die **Verwirklichung der tatsächlichen Gleichstellung** bezwecken. Deshalb darf ein Arbeitgeber bei der Anstellung Frauen bevorzugen, um auf diese Weise den geringen Frauenanteil in seinem Betrieb aufzustocken. Auch sollen nicht grundsätzlich alle **sozialpolitischen Massnahmen** ausgeschlossen sein, die z.B. die familiäre Situation oder die Schwangerschaft als Kriterien berücksichtigen. Eine ungerechtfertigte Diskriminierung kann aber dann vorliegen, wenn eine solche Massnahme auf die traditionelle Aufgabenteilung zwischen den Geschlechtern abstellt und dadurch wiederum eine systematische Benachteiligung von Frauen bewirkt. Ob eine Massnahme sachlich gerechtfertigt ist, ist daher gegebenenfalls anhand einer **Interessenabwägung** unter dem Gesichtspunkt der **Verhältnismässigkeit** abzuklären. Das verfolgte Ziel muss sachlich gerechtfertigt sein, das verwendete Kriterium notwendig und zur Erreichung des Ziels geeignet, und es muss für den Arbeitgeber unzumutbar sein, ein weniger diskriminierendes Kriterium zu wählen.[3] Es ist dabei wichtig, die Begründung auch darauf zu prüfen, ob sich hinter ihr kein geschlechtsspezifisches Vorurteil versteckt.

---

2   Urteil vom 21.10.1991 in Streit 1993 S. 60.
3   Botschaft zum Gleichstellungsgesetz S. 49.

3. Diskriminierung durch sexuelle Belästigung

3.1 Was ist sexuelle Belästigung?

Die sexuelle Belästigung wird als besondere Ausdrucksform diskriminierenden Verhaltens vom Gesetz ausdrücklich genannt (Art. 4 GlG). Untersuchungen haben gezeigt, dass diese Art diskriminierenden Verhaltens gegenüber Frauen am Arbeitsplatz weit verbreitet ist. Auch besteht danach ein Zusammenhang zwischen der Wahrscheinlichkeit der sexuellen Belästigung und der sozialen Verwundbarkeit der Betroffenen: Geschiedene und getrennt lebende Frauen, junge Frauen oder erst seit kurzem arbeitstätige Frauen, Frauen in unüblichen Berufen, behinderte Frauen, lesbische Frauen und Angehörige rassischer Minderheiten sind besonders stark gefährdet.[4]

Sexuelle Belästigungen sind in ihrer Ausdrucksform vielfältig. Allen gemeinsam ist der Umstand, dass die betroffenen Personen solchen Handlungen **gegen ihren Willen** ausgesetzt sind und dass das geschlechtsbezogene Verhalten **nicht auf gegenseitigem Einvernehmen** basiert. Die Unfreiwilligkeit ist dabei ebenso bereits im Begriff der sexuellen Belästigung enthalten wie deren entwürdigender Charakter. In diesem Sinne ist die vom Gesetz genannte Beeinträchtigung der Würde der betroffenen Person nicht als zusätzliche Voraussetzung der Diskriminierung zu verstehen.

Als sexuelle Belästigung kommen auch nicht nur die im Gesetz ausdrücklich genannten Verhaltensweisen in Betracht, welche darauf abzielen, ein sexuelles Entgegenkommen durch Drohungen, das Versprechen von Vorteilen, das Auferlegen von Zwang und Druckausübung zu erlangen. Ebenso sehr können sexistische Verhaltensweisen (bewusst oder unbewusst) z.B. aus Karriere- oder Machtgründen dazu benutzt werden, das Opfer in eine unterlegene Position zu zwingen. Zu den sexuellen Belästigungen gehören daher nicht nur die offensichtlichen Handlungen wie zudringliche Berührungen oder Nötigungen. Auch weniger auffällige Ausdrucksformen wie unnötige, nur scheinbar zufällige aber gewollte Körperkontakte, Hinterherpfeifen, Bemerkungen über körperliche Vorzüge oder Schwächen können den Tatbestand erfüllen.

---

[4] 92/131 EWG ABl. L 49.

3.2 Verhinderung von sexueller Belästigung: Pflicht des Arbeitgebers

Ebenfalls diskriminierend verhält sich der **Arbeitgeber, der ein solches Verhalten in seinem Betrieb duldet.** Aufgrund seiner Fürsorgepflicht hat er dafür besorgt zu sein, dass Arbeitnehmerinnen nicht sexuell belästigt werden oder den betroffenen Mitarbeiterinnen nicht noch zusätzliche Nachteile entstehen (Art. 328 OR und Art. 5 Abs. 3 GlG). Er hat deshalb die ihm **zumutbaren Vorkehren** zur Vermeidung solcher Vorfälle zu treffen. Dies liegt in seinem eigenen Interesse: Auswirkungen wie Arbeitsausfälle, Kündigungen und schlechtes Arbeitsklima wirken sich direkt auf die Produktivität der Arbeitnehmerinnen und damit auf die Rentabilität des Unternehmens aus. Einer adäquaten Problembewältigung dienen folgende Massnahmen[5], welche in einem entsprechenden Reglement[6] festzulegen[7] sind:

a) Grundsatzerklärung

Die Grundsatzerklärung enthält die Feststellung, wonach alle Beschäftigten ein Recht auf eine ihre Würde nicht verletzende Behandlung haben, dass sexuelle Belästigung nicht erlaubt ist und nicht geduldet wird und dass die Beschäftigten das Recht haben, sich wegen sexueller Belästigung zu beschweren. Es ist darin anhand von Beispielen zu verdeutlichen, was als belästigendes Verhalten gilt. Wichtig ist der Hinweis, dass Führungskräfte und Aufsichtspersonen verpflichtet sind, den Grundsatz in die Tat umzusetzen und dessen Einhaltung sicherzustellen. Sodann ist festzuhalten, dass betroffene Personen Hilfe erhalten, Beschwerden vertraulich abgewickelt werden, die notwendigen Abklärungen getroffen werden und gegen Belästiger vorgegangen werde. Die Arbeitnehmer und Arbeitnehmerinnen sind auf ihre Rechte hinzuweisen.

---

[5] Basierend auf den Empfehlungen der Kommission der europäischen Gemeinschaften in 92/131/EWG ABl L 49.
[6] Vgl. Musterreglement im Anhang.
[7] Welche Massnahmen zumutbar sind, hängt auch von der Betriebsgrösse ab. Reglemente, eigentliche Schulung und die Einrichtung formeller Beschwerdeverfahren sind Vorkehrungen, die für mittlere und grössere Betriebe bestimmt sind. Kleinbetriebe haben im Rahmen ihrer Möglichkeiten die geeigneten Massnahmen zu treffen, wobei hier die Berufsverbände eine wichtige Hilfestellung bieten können.

b) Information und Schulung

Der Arbeitgeber hat sicherzustellen, dass die zuvor genannten Grundsätze den Beschäftigten bekanntgegeben werden und sie über den Beschwerdeweg informiert werden. Es ist nicht nur sinnvoll, den Arbeitnehmerinnen aufzuzeigen, dass unter Umständen eine informelle Problemlösung erzielt werden kann, indem sie die Ablehnung eines Verhaltens dem Belästiger deutlich zu verstehen geben. Durch gezielte Informierung kann eine allgemeine Sensibilisierung erreicht werden. Vor allem Führungskräfte sind auf ihre Verantwortung zur Verhinderung von sexueller Belästigung hinzuweisen. Es ist zweckmässig, sie entsprechend zu unterweisen und insbesondere Personen, die mit der Abwicklung von Beschwerdeverfahren betraut sind, speziell zu instruieren. Wünschenswert ist auch die Einrichtung einer Anlaufstelle, welche Beratung und Unterstützung anbietet.

c) Verfahrensregelung

Wenn möglich ist ein formelles Verfahren festzulegen, welches insbesondere auch eine Zuständigkeitsalternative vorsieht, damit die belästigte Arbeitnehmerin die Beschwerde nicht bei ihrem Vorgesetzten anbringen muss. Eine rasche Verfahrensabwicklung soll durch Fristbestimmungen gewährleistet werden. Im weiteren soll für die vom Beschwerdeverfahren betroffenen Personen ein Recht auf Beistand oder Vertretung, das Recht der Anhörung und Stellungnahme sowie das Einsichtsrecht in die Untersuchungsakten gewährleistet werden. Gespräche und Untersuchungen sind zu protokollieren. Alle Verfahrensbeteiligten sind zur Verschwiegenheit zu verpflichten. Bei Gutheissung einer Beschwerde ist für den Fall einer Versetzung wenn möglich der Beschwerdeführerin die Wahl zu überlassen, ihren Arbeitsplatz zu behalten oder versetzt zu werden. Disziplinarmassnahmen (Verweis, Verwarnung, Versetzung, Busse, Suspendierung, Lohnkürzung, Entlassung) sind zu benennen.[8]

---

[8] Bussen, Suspendierung und Lohnkürzung sind Disziplinarmassnahmen mit Strafcharakter. Im betrieblichen Geltungsbereich des Arbeitsgesetzes müssen sie daher in einer eigentlichen Betriebsordnung gem. Art. 38 ArG statuiert werden.

4. Rechtsansprüche

Das Gesetz enthält eine vielfältige Palette von Rechtsansprüchen, die eine betroffene Person je nach Art der Diskriminierung gerichtlich gegenüber dem Arbeitgeber durchsetzen kann. Da die Diskriminierung eine Persönlichkeitsverletzung darstellt, sind die allgemeinen Ansprüche in Art. 5 GlG gleich wie diejenigen des **Persönlichkeitsschutzes** gemäss Art. 28a ZGB ausgestaltet (s. unten Ziff. 4.1). Daneben sind besondere **Entschädigungsansprüche** für bestimmte Diskriminierungsformen sowie ein spezieller **Kündigungsschutz** vorgesehen.

4.1 Allgemeine Ansprüche

a) Wenn eine Diskriminierung droht: Unterlassungsanspruch

Bevor die Diskriminierung eingetreten ist, kann die betroffene Person verlangen, dass eine drohende Diskriminierung gerichtlich verboten wird.

> **Beispiel:**
>
> Die Gefahr einer Diskriminierung kann sich daraus ergeben, dass der Arbeitgeber eine mögliche Beförderung von der Erfüllung bestimmter Aufgaben abhängig macht, jedoch eine betroffene Arbeitnehmerin solche Aufgaben nicht ausführen lässt und sie nur einem Mitbewerber zuteilt.

b) Wenn die Diskriminierung erfolgt ist: Beseitigungsanspruch

Ist die Diskriminierung erfolgt, so haben die betroffenen Arbeitnehmerinnen einen Anspruch auf Beseitigung der Diskriminierung. Diese Klage setzt voraus, dass die Diskriminierung noch andauert und somit ihre Beseitigung möglich ist.

> **Beispiel:**
>
> Eine Arbeitnehmerin ist fortgesetzter sexueller Belästigung durch einen Mitarbeiter ausgesetzt, ohne dass der Arbeitgeber etwas dagegen unternimmt. Da nach dem Gleichstellungsgesetz ein Anspruch auf tat-

sächliche Beseitigung der Diskriminierung besteht, kann eine betroffene Arbeitnehmerin mittels Klage verlangen, dass der Arbeitgeber konkrete Massnahmen[9] zu treffen hat.[10]

c) **Wenn die Diskriminierung nicht mehr beseitigt werden kann: Feststellungsanspruch**

Der Feststellungsanspruch besteht, wenn die Diskriminierung nicht mehr rückgängig gemacht werden kann. Die Feststellungsklage kommt daher häufig zusammen mit einer Schadenersatzklage in Frage. Sie ist möglich, wenn zwar die eigentliche Diskriminierung nicht mehr beseitigt werden kann, sich diese aber weiterhin negativ auswirkt. Auf diese Weise sollen störende Nachwirkungen beseitigt oder zumindest reduziert werden können.

Beispiel:

Der Arbeitgeber kann eine Arbeitnehmerin dadurch diskriminieren, dass er sie von der Teilnahme an einer Fachtagung ausklammert und lediglich die männlichen Mitarbeiter einer Abteilung daran teilnehmen lässt. Dies kann die Arbeitnehmerin aufgrund der ihr nun fehlenden Information auch in Zukunft sowohl bei ihrer Arbeit als auch ihrem beruflichen Fortkommen behindern.

Ein Feststellungsanspruch ist insbesondere auch für Arbeitnehmer- und Gleichstellungsorganisationen vorgesehen (vgl. Ziff. 4.6).

---

[9] Dabei kann es sich empfehlen, in der Klage mehrere Möglichkeiten zu bezeichnen, da das Gericht entscheidet, was für den Arbeitgeber zumutbar ist.

[10] Dieser Anspruch entspricht dem mit dem Gleichstellungsgesetz verfolgten Zweck der tatsächlichen Gleichstellung, stellt aber eine Besonderheit dar. In allen übrigen Fällen, in denen der Arbeitgeber seine Schutzpflichten nicht erfüllt, sind Schutzmassnahmen auf dem zivilen Klageweg in der Regel nicht erzwingbar. Zwar werden bei Verletzung von Art. 328 OR die Ansprüche des Persönlichkeitsschutzes allgemein als anwendbar erklärt. Dabei wird jedoch übersehen, dass der Anspruch auf Beseitigung des persönlichkeitsverletzenden Zustandes daran scheitert, dass der Arbeitgeber im allgemeinen nicht zur tatsächlichen Beschäftigung eines Arbeitnehmers oder einer Arbeitnehmerin verpflichtet ist und er deshalb auch nicht gezwungen werden kann, bestimmte Massnahmen zu ergreifen. Die Arbeitnehmerin hat lediglich Anspruch auf Lohnzahlung, ohne dafür die Arbeitsleistung erbringen zu müssen.

d) Schadenersatz und Genugtuung

Mit jeder der vorgenannten Klagen können zudem Schadenersatz und/oder Genugtuungsansprüche verbunden werden, wenn die allgemeinen Voraussetzungen nach Art. 41 ff OR hiefür gegeben sind (Art. 5 Abs. 5 GlG)[11]. Diese Voraussetzungen sind ein konkret erlittener Schaden als Folge der Diskriminierung (z.B. notwendige Psychotherapiekosten nach sexueller Belästigung), die der Arbeitgeber zu verantworten hat. Die Genugtuung dient dem Ausgleich für die seelische Unbill, die eine Mitarbeiterin durch die Diskriminierung erlitten hat. Für einen Genugtuungsanspruch muss die Persönlichkeitsverletzung zudem schwerwiegend sein (Art. 49 OR).

4.2 Anspruch auf gleichen Lohn

Im Fall einer Lohndiskriminierung kann beantragt werden, dass das Gericht die Zahlung des korrekten Lohnes anordnet. Die Nachzahlung kann für den noch nicht verjährten Lohn geltend gemacht werden (vgl. dazu 2. Kap. 2.2).

---

[11] Dieser Anspruch besteht gem. Gesetzestext in allen Fällen, also auch bei diskriminierender Nichtanstellung und Kündigung. Kündigung bzw. Nichtanstellung bleiben gem. Art. 5 Abs. 2 GlG trotz Rechtswidrigkeit wirksam. Die gesetzgeberische Sanktion besteht stattdessen in einem Entschädigungsanspruch der Arbeitnehmerin gegenüber dem Arbeitgeber. Bezüglich dieser Entschädigungsansprüche nach Art. 5 Abs. 2. hält die Botschaft fest, dass sie nicht den Charakter von Schadenersatz haben und unabhängig von einem Schaden sind. Der Gesetzestext i.V. mit der bundesrechtlichen Botschaft stellt ebenfalls klar, dass diese Diskriminierungen i.S. von Art. 41 OR zudem haftungsbegründend sind und deshalb bei Entstehung eines Schadens eine Schadenersatzforderung geltend gemacht werden kann (Art. 5 Abs. 5 GlG).
In der Regel resultiert infolge einer solchen Kündigung bzw. Nichtanstellung ein **Lohnverlust**, welcher somit als Schadenersatzforderung gestützt auf Art. 5 Abs. 5 GlG eingeklagt werden könnte. Bestärkt wird diese Auslegung noch dadurch, dass der Gesetzgeber im Gegensatz zu Art. 336a Abs. 2 OR die Schadenersatzansprüche nicht an andere rechtl. Voraussetzungen knüpft. Gestützt auf diese Gesetzesauslegung könnten mindestens bei diskriminierenden Kündigungen grosse Schadenersatzforderungen entstehen. Ob der Gesetzgeber dies bedacht und beabsichtigt hat, wird die künftige Gerichtspraxis zu klären haben.

4.3 Entschädigungsansprüche

a) Bei diskriminierender Ablehnung der Anstellung

Bei einer diskriminierenden Ablehnung einer Anstellung kommen die zuvor genannten allgemeinen persönlichkeitsrechtlichen Ansprüche (Unterlassung, Beseitigung, Feststellung) nicht zum Zuge. Insbesondere kann das Gericht auch nicht die Anstellung anordnen. Der Bewerberin, welche aufgrund ihres Geschlechts bei der Stellenbesetzung nicht berücksichtigt wird, steht nach Gesetz nur der **Anspruch auf eine Entschädigung** zu (Art. 5 Abs. 2 GlG). Diese Entschädigung ist unabhängig von einem effektiven Schaden (also z.B. einem Lohnverlust) geschuldet und auf **maximal 3 Monatslöhne** beschränkt. Innerhalb dieses Rahmens setzt das Gericht den Entschädigungsbetrag unter Würdigung aller Umstände nach seinem Ermessen fest. Die obere Grenze des Entschädigungsbetrages von drei Monatslöhnen gilt auch dann, wenn gleichzeitig mehrere abgelehnte Bewerberinnen eine Entschädigung geltend machen. Die Entschädigungssumme ist in diesem Fall auf die mehreren diskriminierten Bewerberinnen zu verteilen (Art. 5 Abs. 3 GlG). Im Bewerbungsstadium dürfte der Lohn in der Regel noch nicht vereinbart worden sein, weshalb in diesem Fall der **voraussichtliche Lohn** als Berechnungsbasis dient.

Im privatrechtlichen Bereich fällt der Entschädigungsanspruch dahin, wenn die Bewerberin nicht **innerhalb von drei Monaten nach Kenntnisnahme der Ablehnung** Klage erhebt. Die Einhaltung dieser Verwirkungsfrist ist im Streitfall von der Klägerin nachzuweisen. Erfolgt ausnahmsweise keine Absage des Arbeitgebers von sich aus, so liegt es auch im Interesse der Bewerberin, innert nützlicher Frist nachzufragen.

Die abgelehnte Bewerberin kann zunächst auch eine **schriftliche Begründung** vom Arbeitgeber verlangen (Art. 8 GlG), um sich über die Ablehnungsgründe ein Bild machen zu können. Auch wenn sie dabei ihren Diskriminierungsverdacht nicht äussert[12], so wird der Arbeitgeber seine Begründung wohl entsprechend zu formulieren wissen. Ihren Sinn erhält diese Begründungspflicht deshalb eher dann, wenn der Arbeitgeber keine Begründung abgibt und dieses Verhalten vom Gericht bei einer allfälligen Zusprechung von Prozessentschädigungen zu seinen Lasten zu würdigen ist. Unabhängig davon, ob der Arbeitgeber die verlangte Begründung abgibt, ist in

---

[12] Wobei das Gesetz in Art. 8 das Gegenteil anzunehmen scheint.

jedem Fall die Frist zur Klageerhebung von drei Monaten seit Kenntnisnahme der Ablehnung einzuhalten.

b) Nach sexueller Belästigung

Schon vor Inkrafttreten des Gleichstellungsgesetzes besteht nach geltendem Recht ein Schutz gegenüber sexueller Belästigung (vgl. dazu 3. Kap.). Mit dem Gleichstellungsgesetz wird der Rechtsschutz verstärkt:

Gemäss Gleichstellungsgesetz ist nicht nur die sexuelle Belästigung selbst diskriminierend. Diskriminierend verhält sich auch der Arbeitgeber, der solches Verhalten in seinem Betrieb duldet bzw. die zumutbaren Massnahmen zur Verhinderung sexueller Belästigung nicht trifft (Art. 5 Abs. 3 GlG und Art. 328 OR).

Das Gericht kann daher **den Arbeitgeber zu einer Entschädigung** verpflichten, wenn diesen für die sexuelle Belästigung eine Verantwortung trifft. Ihm obliegt es, den Nachweis dafür zu erbringen, dass er die notwendigen und zumutbaren Massnahmen, welche sexuelle Belästigungen verhindern sollen, getroffen hat (Art. 5 Abs. 3 GlG).[13] Die berechtigten Anforderungen an den Arbeitgeber hängen von den konkreten Umständen im Einzelfall und der betrieblichen Situation ab. So kann insbesondere dann, wenn es in einem Unternehmen schon zu sexuellen Belästigungen gekommen ist, die allgemeine Grundsatzerklärung der Geschäftsleitung, dass solches Verhalten im Betrieb nicht toleriert wird, nicht genügen. Der Arbeitgeber hat in jedem Fall sicherzustellen, dass die Betroffenen ernstgenommen, Vorwürfe abgeklärt und Belästiger sanktioniert werden. Es ist zudem vor allem Aufgabe der jeweiligen Vorgesetzten, gegebenenfalls rasch und adäquat einzugreifen.

Kann der Arbeitgeber den Nachweis nicht erbringen, dass er bzw. die verantwortlichen Führungskräfte die erforderlichen und zumutbaren Vorkehren getroffen haben, so kann ihn das Gericht zu einer Entschädigungszahlung verurteilen. Nach dem Gesetzeswortlaut besteht jedoch kein unbedingter Anspruch auf eine Entschädigung. Wie immer bei der Festsetzung einer Entschädigung entscheidet das Gericht nach seinem Ermessen unter Würdigung aller Umstände. Als **Maximum können 6 Monatslöhne** zugesprochen werden, wobei nicht der tatsächliche Lohn der betroffenen Arbeitnehmerin die Berechnungsbasis bildet, sondern der **schweizerische Durchschnittslohn**.[14]

---

[13] Vgl. dazu vorne Ziff. 3.2.
[14] Diese Angabe kann das Bundesamt für Statistik liefern.

c) Wegen diskriminierender Kündigung im privatrechtlichen Arbeitsverhältnis

Auch wenn eine Kündigung diskriminierend ist, bleibt sie wirksam. Die betroffene Arbeitnehmerin hat stattdessen einen **Entschädigungsanspruch** (Art. 5 Abs. 2 GlG). Dessen obere Grenze wurde ebenfalls auf **max. 6 Monatslöhne** festgesetzt[15]. Dabei wird wie bei einer missbräuchlichen Kündigung nach Art. 336 OR auf den tatsächlich verdienten Bruttolohn abgestellt. Die verfahrensmässigen Regeln zur Durchsetzung des Entschädigungsanspruches sind ebenfalls die gleichen wie bei einer missbräuchlichen Kündigung: Die betroffene Arbeitnehmerin muss spätestens bis zum Ablauf der Kündigungsfrist schriftlich beim Arbeitgeber **Einsprache** erheben. Kommt in der Folge keine Einigung über die Fortsetzung des Arbeitsverhältnisses zustande, muss die **Klage innerhalb von 180 Tagen** seit Vertragsende erhoben werden (Art. 9 GlG).

4.4 Zusätzliche vertragliche Ansprüche

Schliesslich können sich aus einzel- oder gesamtarbeitsvertraglichen Regelungen zusätzliche Ansprüche ergeben. In Gesamtarbeitsverträgen können insbesondere auch Ansprüche aufgenommen werden, die Diskriminierungen von vornherein verhindern sollen oder die die tatsächliche Gleichstellung fördern (z.B. Mindestlohnansprüche für Teilzeitbeschäftigte oder Mitwirkungsrechte von Arbeitnehmerinnen bei Arbeitsplatzbewertungen).

4.5 Kündigungsschutz nach Beschwerde

a) Anfechtbarkeit von Kündigungen ohne begründeten Anlass

Kündigt ein Arbeitgeber als Reaktion darauf, dass der Arbeitnehmer oder die Arbeitnehmerin in guten Treuen Ansprüche geltend gemacht hat, so ist diese Kündigung missbräuchlich. Nach dem bisher geltenden Recht bleibt eine solche Rachekündigung gültig und führt lediglich zu einem Entschä-

---

[15] Möglich ist aber, dass eine Arbeitnehmerin im Falle einer überdies erfolgten sexuellen Belästigung einen zusätzlichen Entschädigungsanspruch hat.

digungsanspruch. Im **privatrechtlichen Arbeitsverhältnis** ändert sich dies nun für den speziellen Fall, dass der Arbeitgeber kündigen will, **nachdem eine Arbeitnehmerin sich über eine Diskriminierung beschwert hat**: Es gilt ein zeitlich beschränkter Kündigungsschutz, indem die spätere Kündigung des Arbeitgebers, die ohne begründeten Anlass erfolgt, **anfechtbar** ist (Art. 10 GlG). In diesem Fall hebt das Gericht die Kündigung auf. Dies gilt ebenfalls dann, wenn nicht die betroffene Arbeitnehmerin selbst sich über eine Diskriminierung beschwert hat, sondern eine Organisation eine Klage wegen Diskriminierung erhoben hat. Dabei soll der Kündigungsschutz nicht nur auf eine von der Diskriminierung direkt betroffene Arbeitnehmerin beschränkt sein, sondern sich auch auf Personen erstrecken, die zum Beispiel als Zeuginnen oder gewerkschaftliche Vertrauensleute im Prozess auftreten.[16]

b) Keine absolute Geltung des Kündigungsschutzes

Der Kündigungsschutz gilt während der Schutzfrist nicht absolut: Zwar kann der Arbeitgeber nicht schon dann kündigen, wenn er beweist, dass er einen anderen Grund für die Kündigung hat, als die Beschwerde der Arbeitnehmerin. Es genügt also nicht, wenn die behaupteten Kündigungsgründe plausibel sind. Vielmehr muss der Arbeitgeber für seine Kündigung innerhalb der Schutzfrist einen **begründeten Anlass** nachweisen können, damit diese zulässig ist. Als begründeter Anlass sollten nur Gründe in Frage kommen, die die Arbeitnehmerin zu vertreten hat. Dabei braucht keine Verfehlung der Arbeitnehmerin vorzuliegen, die eine fristlose Kündigung rechtfertigen würde. Immerhin dürfte aber ein gewisses **Verschulden seitens der Arbeitnehmerin** Voraussetzung sein und darf ein objektiver Anlass, wie z.B. wirtschaftliche Gründe, in der Regel nicht genügen.[17] Denkbar ist andererseits, dass die Beschwerde der Arbeitnehmerin offensichtlich haltlos war und z.B. nur deshalb erhoben wurde, um eine drohende rechtmässige Kündigung des Arbeitgebers zu verhindern. Auch dies muss zur Abweisung der Anfechtungsklage führen.

---

16 Bundesrätliche Botschaft, S. 63.
17 Vgl. Hinweis auf Art. 340c Abs. 2 OR in der Botschaft S. 61.

c) Dauer des Kündigungsschutzes

Der Kündigungsschutz **beginnt bereits im Zeitpunkt der Beschwerde** der Arbeitnehmerin und **endet 6 Monate nach Beendigung des innerbetrieblichen Beschwerdeverfahrens oder des Schlichtungs- bzw. Gerichtsverfahrens**. Erfolgt erst nachher eine (nachweisbare) Rachekündigung, so besteht zwar dieser Kündigungsschutz nicht mehr, jedoch wäre eine solche Kündigung trotzdem missbräuchlich. Es könnte deshalb eine Entschädigung wegen missbräuchlicher Kündigung nach Art. 336a OR verlangt werden.

d) Anfechtung vor Ablauf der Kündigungsfrist

Die Anfechtung muss **vor Ende der Kündigungsfrist** geltend gemacht werden und zwar beim Gericht oder der Schlichtungsstelle selbst. Auf Antrag der Arbeitnehmerin kann das Gericht **provisorisch die Fortsetzung** des Arbeitsverhältnisses bzw. Wiedereinstellung für die Dauer des Verfahrens anordnen. Eine solche provisorische Anordnung setzt voraus, dass das Gericht es als wahrscheinlich erachtet, dass die Voraussetzungen für die Aufhebung der Kündigung gegeben sind.

e) Entschädigungsanspruch als Alternative

Möglicherweise stellt sich jedoch die Fortführung des Arbeitsverhältnisses für die Arbeitnehmerin als problematisch heraus. Das Gesetz gibt ihr deshalb während des Anfechtungsverfahrens die voraussetzungslose Wahlmöglichkeit, auf die Weiterführung des Arbeitsverhältnisses zu verzichten und stattdessen eine Entschädigung geltend zu machen (Art. 10 Abs. 4 GlG). Es ist der gleiche Entschädigungsanspruch wie bei der missbräuchlichen Kündigung nach Art. 336a OR, welcher **maximal sechs Monatslöhne** beträgt und auf der Basis des vertraglichen Bruttolohnes berechnet wird.

4.6 Verbandsklage

Klärung von Grundsatzfragen

Die individuelle Durchsetzung von Ansprüchen in einem Prozessverfahren stellt für die betroffene Arbeitnehmerin regelmässig eine erhebliche Belastung dar. Oft ist zudem nicht nur eine einzelne Arbeitnehmerin, sondern eine ganze Gruppe von einer Diskriminierung betroffen. Schliesslich liegt die Verwirklichung der Gleichstellung grundsätzlich auch im öffentlichen Interesse. Aus diesen Gründen ermöglicht das Gesetz Arbeitnehmerverbänden und Organisationen, deren statutarischer Zweck darin liegt, die Gleichstellung von Frau und Mann zu fördern, ein eigenes Klagerecht. Die Organisationen müssen aber seit mindestens zwei Jahren bestehen. Das Klagerecht ist beschränkt auf die Möglichkeit, die **Diskriminierung feststellen** zu lassen.[18] Voraussetzung für diese Verbandsklage ist sodann allerdings, dass sich der Ausgang des Verfahrens voraussichtlich auf eine grössere Zahl von Arbeitsverhältnissen auswirkt (Art. 7 GlG). Damit wird zum Ausdruck gebracht, dass mittels der Verbandsklage nicht der Einzelanspruch einer diskriminierten Arbeitnehmerin durchgesetzt werden kann. Wohl kann sich die Klage lediglich auf einen einzelnen konkreten Diskriminierungsfall abstützen und braucht sie sich nicht auf mehrere Fälle zu beziehen. Indessen muss die Möglichkeit gegeben sein, dass sich die Feststellung der Diskriminierung auf weitere Arbeitnehmerinnen innerhalb oder ausserhalb des Betriebes auswirkt. Mit der Verbandsklage sollen also Diskriminierungsfragen geklärt werden können, deren Bedeutung über den konkreten Einzelfall hinausgeht. Dafür soll sich eine einzelne von der Diskriminierung betroffene Frau nicht exponieren müssen, weshalb deren Zustimmung zur Klageerhebung nicht erforderlich ist.

4.7 Verfahrensregelungen

a) Beweislasterleichterung[19]

Als Grundsatz gilt, dass in einem Prozess strittige Tatsachen von derjenigen Partei zu beweisen sind, welche daraus Rechte ableitet. In einem Diskriminierungsprozess angewendet, würde dies bedeuten, dass die klagende Arbeitnehmerin die behauptete Diskriminierung nachzuweisen hätte, da-

---

18 Berufsverbände haben überdies auch nach dem Bundesgesetz über den unlauteren Wettbewerb (UWG) ein selbständiges Klagerecht. Unlauter handelt nach dem Gesetz, wer gesetzliche Arbeitsbedingungen nicht einhält, wozu auch das Lohndiskriminierungsverbot gehört. Gemäss UWG ist nicht nur die Feststellung sondern auch die Beseitigung dieser Gesetzesverletzung gerichtlich durchsetzbar.

19 Nach juristischer Definition ist die Regelung der Beweislast keine verfahrensrechtliche, sondern eine materiellrechtliche Frage.

mit ihre Klage gutgeheissen wird. Dieser Nachweis hängt indessen regelmässig von Fakten wie z.B. Anstellungsbedingungen und Löhnen der übrigen Mitarbeiter und den diesbezüglichen Unterlagen ab, zu denen die Arbeitnehmerin keinen direkten Zugang hat. Mit dieser Ausgangslage wären Diskriminierungsklagen ebenso häufig von vornherein zum Scheitern verurteilt. Es ist deshalb richtig, die Beweislast hauptsächlich dem Arbeitgeber zu auferlegen, welcher über alle Unterlagen bzw. Beweismittel verfügt. Das Gesetz bestimmt daher, dass die **Arbeitnehmerin die Diskriminierung nur glaubhaft zu machen hat** (Art. 6 GlG). Sie muss die Diskriminierung nicht beweisen, sondern nur objektive Anhaltspunkte darlegen, welche eine Diskriminierung vermuten lassen. Eine gewisse Wahrscheinlichkeit genügt. Kann die Arbeitnehmerin sie schlechterstellende Unterschiede im Vergleich zu männlichen Mitarbeitern aufzeigen, so kann eine Diskriminierung vermutet werden. Alsdann **muss der Arbeitgeber widerlegen**, dass die strittige Regelung diskriminierend ist. Er hat also z.B. nachzuweisen, dass keine geschlechtstypischen Lohnunterschiede bestehen resp. auf welchen sachlich gerechtfertigten Kriterien die Lohnunterschiede beruhen. Erbringt er diesen Beweis nicht, so verliert er den Prozess. Diese Beweislasterleichterung für die klagende Arbeitnehmerin gilt nicht nur hinsichtlich der Entlöhnung, sondern auch bezüglich der Aufgabenzuteilung, der Gestaltung der Arbeitsbedingungen, der Aus- und Weiterbildung, der Beförderung sowie der Entlassung. Sie gilt ebenfalls dann, wenn nicht die Arbeitnehmerin selbst sondern ein Verband klagt.

Dagegen fallen Diskriminierungen bei der Anstellung nicht unter die Beweislasterleichterung. In diesem Bereich dürften erfolgreiche Klagen schon aus diesem Grund eher selten sein. Keine Beweislasterleichterung gilt auch bei der Diskriminierung durch sexuelle Belästigung inbezug auf die Belästigung selbst. Immerhin muss der Arbeitgeber im Streitfall nachweisen, dass er die erforderlichen Massnahmen zur Verhinderung getroffen hat.

b) Kostenlosigkeit

Als wichtige Regelung sieht das Gesetz die Kostenlosigkeit von Diskriminierungsprozessen vor. Sowohl für das Schlichtungs- wie ein anschliessendes Gerichtsverfahren dürfen den Parteien keine Kosten auferlegt werden und zwar unabhängig von der Höhe der eingeklagten Forderungen (Art. 11 Abs. 4 und Art. 12 GlG). Die Kostenlosigkeit gilt im zivilrechtlichen Gerichtsverfahren jedoch nur bezüglich der Gerichtskosten. Gemäss den kantonalen Prozessordnungen hat in der Regel die im Prozess unterliegende

Partei der obsiegenden Partei eine vom Streitwert abhängige Prozessentschädigung zu bezahlen. Zudem können einer Partei dann Kosten auferlegt werden, wenn sie einen Prozess mutwillig führt, d.h. im Bewusstsein, dass ihr Standpunkt haltlos ist.

c) Schlichtungs- und Gerichtsverfahren

aa) Schlichtungsverfahren

Vor einem zivilrechtlichen Gerichtsverfahren muss ein Schlichtungsverfahren bei der zuständigen Schlichtungsstelle durchgeführt werden, wenn der Kanton ein solches Verfahren für obligatorisch erklärt. Das Schlichtungsverfahren dient dazu, ein Gerichtsverfahren zu vermeiden und mittels einer neutralen Instanz eine gütliche Einigung zu erzielen.

Die im Gesetz vorgesehenen Klagefristen (3 Monate bei Diskriminierung in der Anstellung, 180 Tage für die Entschädigung bei diskriminierender Kündigung bzw. vor Ablauf der Kündigungsfrist für die Anfechtung der Kündigung) gelten als gewahrt, wenn innerhalb dieser Fristen die Schlichtungsstelle angerufen wird.

bb) Gerichtsverfahren

Gelten in den oben genannten Fällen Klagefristen, so ist die Klage innerhalb von **drei Monaten** nach Abschluss des Schlichtungsverfahrens beim Gericht anhängig zu machen (Art. 11 Abs. 3 GlG).

Zuständig ist wahlweise das Gericht am Sitz der beklagten Partei oder am Ort des Betriebes, für den die Arbeitnehmerin Arbeit leistet (Art. 343 OR).

Garantiert ist das Recht der Parteien, sich vertreten zu lassen, wobei die Kantone das Vertretungsrecht Anwältinnen und Anwälten vorbehalten können. Zudem können die Parteien verlangen, dass der Prozess in einem schriftlichen Verfahren durchgeführt wird.

Unabhängig vom Streitwert sind sodann die verfahrensrechtlichen Bestimmungen von Art. 343 OR anwendbar. Danach müssen die Kantone auch für Diskriminierungsprozesse ein **einfaches und rasches Verfahren** vorsehen. Da diese Kriterien jedoch nicht näher definiert sind, sind die Verfahren in den kantonalen Prozessordnungen unterschiedlich geregelt.

Im weiteren gilt die sogenannte **Untersuchungsmaxime**: Das Gericht muss den relevanten Sachverhalt von Amtes wegen abklären; es muss gegebenenfalls nachfragen und darf nicht nur berücksichtigen, was die Parteien von sich aus vorbringen. Ebenso kann es Beweismittel berücksichtigen, die von keiner Partei angerufen worden sind.

d) Der Rechtsschutz bei öffentlichrechtlichen Arbeitsverhältnissen

Bei öffentlichrechtlichen Anstellungsverhältnissen richtet sich das Verfahren nach dem **Bundesrechtspflegegesetz** (Art. 13 GlG).

Die von einer Diskriminierung betroffene Arbeitnehmerin kann eine Verfügung verlangen, mit der über die Rechtsansprüche gemäss Art. 5 GlG entschieden wird. Gegen Verfügungen, die das Gleichstellungsgesetz verletzen, kann **Beschwerde** erhoben werden. Beim Personal des Bundes richtet sich der **Beschwerdeweg** nach dem Beamtengesetz (Art. 58), beim Personal der Kantone und der Gemeinden nach dem kantonalen Recht. Für das Personal des Bundes wird zudem die Möglichkeit vorgesehen, dass auf Antrag der Beschwerdeführerin zunächst eine **Fachkommission** erstinstanzliche Verfügungen begutachtet. Diese Möglichkeit entspricht dem Schlichtungsverfahren im privatrechtlichen Bereich.

In jedem Fall ist schliesslich die **Verwaltungsgerichtsbeschwerde** an das Bundesgericht möglich.

Im Unterschied zum privatrechtlichen Arbeitsverhältnis besteht sodann nach dem Gleichstellungsgesetz für den Fall einer diskriminierenden Entlassung kein spezieller Entschädigungsanspruch. Es kann danach nur die Aufhebung des Entlassungsentscheides und damit die Fortführung des Anstellungsverhältnisses geltend gemacht werden. Der gleiche Entschädigungsanspruch wie im privatrechtlichen Arbeitsverhältnis besteht jedoch bei Diskriminierung durch Ablehnung der Anstellung und durch sexuelle Belästigung (Art. 13 Abs. 2 und Art. 5 Abs. 2 und 3 GlG).

2. Kapitel
Gleicher Lohn für gleichwertige Arbeit

1. Verfassungsrechtliche Grundlage

Art. 4 Abs. 2 Satz 3 Bundesverfassung statuiert, dass Männer und Frauen Anspruch auf den gleichen Lohn für gleichwertige Arbeit haben. Dieser Verfassungsartikel enthält gemäss herrschender Lehre und Rechtsprechung einen individualrechtlichen, gerichtlich durchsetzbaren Anspruch auf gleichen Lohn für gleiche oder gleichwertige Arbeit[20]. Er gibt und gab somit der Arbeitnehmerin ab dem 14. Juni 1981 die Möglichkeit, Lohnunterschiede, die auf geschlechterdiskriminierender Basis beruhen, gerichtlich berichtigen zu lassen.[21]

Der Verfassungsartikel gilt nicht nur für Frauen, sondern ebenso für Männer. Auch ein Mann kann eine Lohngleichheitsklage anheben, sofern er gleichwertige Arbeiten ausführt und gegenüber Frauen lohnmässig diskriminiert wird. Dies ist ein theoretischer Fall, da in der Praxis nur die umgekehrte Konstellation anzutreffen ist.

2. Geltungsbereich des Lohngleichheitsgebotes

2.1 Privat- und öffentlichrechtliche Arbeitsverhältnisse

a) Privatrechtliche Arbeitsverhältnisse

Privatrechtliche Arbeitsverhältnisse liegen vor, wenn entweder ein Arbeitsvertrag zwischen Privaten abgeschlossen wird oder aber, wenn öffentlichrechtliche Körperschaften (Gemeinde, Kanton, Bund, SBB usw.) als privatrechtliche Rechtssubjekte Arbeitsverträge abschliessen. Ob dies der Fall ist,

---

[20] BGE 113 Ia 110.
[21] Der Anspruch auf gleichen Lohn lässt sich nach dessen Inkraftsetzung direkt auf das Gleichstellungsgesetz (Art. 3 Abs. 2) abstützen. Die nachfolgenden Ausführungen dieses Kapitels behalten indessen ihre Gültigkeit, sofern nichts anderes erwähnt wird.

kann den Personalreglementen der betreffenden öffentlichrechtlichen Körperschaften entnommen werden.

b) Öffentlichrechtliche Dienstverhältnisse

Öffentlichrechtliche Arbeitsverhältnisse liegen nicht nur dann vor, wenn jemand als **Beamtin** gewählt wird, sondern er gilt auch bei sämtlichen **öffentlichrechtlichen Angestellten**.

Das Bundesgericht hat entschieden, dass Art. 4 Abs. 2 Satz 3 BV unmittelbar auch auf die öffentlichrechtlichen Dienstverhältnisse anwendbar ist. Für diese wäre zwar der neue Verfassungstext aus dem Jahr 1981 nicht notwendig gewesen. Das Bundesgericht hat nämlich bereits 1977[22] das Lohngleichheitsgebot für die öffentlichrechtlichen Angestellten aus dem noch nicht revidierten Art. 4 Abs. 1 BV abgeleitet. Die neu in die Verfassung aufgenommene Norm von Art. 4 Abs. 2 Satz 3 BV hat somit vor allem Bedeutung für die privatrechtlichen Arbeitsverhältnisse.

2.2 Zeitliche Geltung

a) Bei privatrechtlichen Arbeitsverhältnissen

Art. 4 Abs. 2 Satz 3 BV ist am 14. Juni 1981 in Kraft getreten. Dieser Verfassungsartikel enthält keine Rückwirkungsklausel. Somit sind allfällige Nachforderungen aus Arbeitsverträgen nicht möglich, die vor diesem Datum beendet wurden. In privatrechtlichen Arbeitsverhältnissen gilt für Arbeitnehmerforderungen gegenüber dem Arbeitgeber eine Verjährungsfrist von **fünf Jahren** (Art. 128 Ziff. 3 OR). Eine Lohngleichheitsforderung ist somit für sämtliche nach dem 14. Juni 1981 entstandenen Lohnbestandteile möglich, die nicht verjährt sind (also auch für solche vor der Klageanhebung).

b) Bei öffentlichrechtlichen Dienstverhältnissen

Das Appellationsgericht des Kantons Basel-Stadt hat in einem Urteil vom 5. Juli 1993 entschieden, dass ein Anspruch auf Lohngleichheit bei öffentlich-

---

[22] BGE 103 Ia 517.

rechtlichen Arbeitsverhältnissen immer erst seit Einreichung des entsprechenden Antrags bei der zuständigen öffentlichrechtlichen Stelle gewährt werden kann. Erst ab der Geltendmachung soll die entsprechende Forderung entstehen. Das Gericht stützt diese Rechtsauffassung auf den zivilrechtlichen Grundsatz, wonach die rückwirkende Geltendmachung eines Anspruchs nur bei ausdrücklicher Gesetzesvorschrift zulässig sei. Eine andere Lösung sei wenig sinnvoll und hätte für die Verwaltung die kaum durchführbare und unverhältnismässige Konsequenz, jegliche Staatsstelle mittels Gutachten auf ihre Verfassungsmässigkeit zu überprüfen, ansonsten jederzeit unversehens mit lang zurückliegenden Forderungen zu rechnen wäre.[23]

Dieser Rechtsauffassung kann nicht gefolgt werden. Das Verbot der rückwirkenden Geltendmachung, wie sie im Zivilgesetzbuch vorgesehen ist, schreibt vor, dass neu erlassene Gesetzesvorschriften für Sachverhalte, die vor dem Inkrafttreten einer Gesetzesbestimmung eingetreten sind, keine Anwendung finden. Art. 4 Abs. 2 Satz 3 BV ist indessen zum einen bereits 1981 in Kraft getreten und hätten zum anderen die öffentlichrechtlichen Angestellten und Beamtinnen ihre Ansprüche sogar vor diesem Datum – gestützt auf Art. 4 Abs. 1 BV – geltend machen können.

Somit müssen auch die öffentlichrechtlichen Bediensteten rückwirkend für alle noch nicht verjährten Lohnforderungen[24] eine Lohngleichheitsklage anheben können. Andernfalls würde sogar für die bei einer öffentlichrechtlichen Körperschaft Beschäftigten zweierlei Recht bestehen. Die privatrechtlich Angestellten hätten die Möglichkeit, alle noch nicht verjährten Forderungen klageweise gestützt auf den Lohngleichheitsartikel der Bundesverfassung durchzusetzen, während den öffentlichrechtlichen Angestellten diese Möglichkeit erst ab der entsprechenden Antragstellung zugestanden würde. Es ist sodann nicht einzusehen, wieso öffentlichrechtliche Körperschaften gegenüber privaten Arbeitgebern bessergestellt werden sollen. Auch private Arbeitgeber haben das Problem, ihre betrieblichen Lohnstrukturen im Lichte von Art. 4 Abs. 2 Satz 3 BV zu durchleuchten und

---

[23] Der Entscheid wurde vom Bundesgericht am 2. März 1994 bestätigt (siehe JAR 1994, S. 156).
[24] Hinsichtlich der Verjährungsfrist sind bei öffentlichrechtlichen Angestellten bzw. Beamtinnen die Bestimmungen des entsprechenden Gemeinwesens (Gesetz, Verordnung, Reglemente) zu konsultieren. Ist diesen öffentlich-rechtlichen Bestimmungen keine Verjährungsfrist zu entnehmen, so gilt in Anlehnung an die zivilrechtliche Regelung (Art. 128 OR) die fünfjährige Verjährungsfrist.

allenfalls zu korrigieren, um nicht in Konflikt mit dem Lohngleichheitsgebot zu geraten.

Im Sinne der hier vertretenen Rechtsauffassung hat ebenfalls das Zürcher Verwaltungsgericht entschieden[25]: Es verpflichtete die Stadt Zürich zu einer Nachzahlung der Lohndifferenz bei Krankenschwestern gegenüber den Sanitätsmännern rückwirkend ab dem 14. Juni 1981 (Annahme des Gleichheitsartikels durch das Volk), obwohl die Lohngleichheitsklage später, nämlich am 15. Mai 1982, eingereicht worden war.

2.3 Örtliche Geltung und regionale Unterschiede

Der Lohngleichheitsgrundsatz gilt für sämtliche Arbeitsverhältnisse, für die schweizerisches Recht zur Anwendung gelangt.

Unterhält ein Unternehmen an verschiedenen Standorten Betriebe, so sind regionale Lohnunterschiede wie sie auch in der Schweiz üblich sind, zulässig und bei einem Lohnvergleich zu berücksichtigen. Dieser Grundsatz ist bereits im Heimarbeitsgesetz verankert.[26]

3. Lohnvergleich und Arbeitsplatzbewertung

3.1 Lohntransparenz

Mündliche oder schriftliche Vereinbarungen, welche den Mitarbeitern und Mitarbeiterinnen verbieten, im Betrieb oder gegenüber Dritten über den eigenen Lohn zu sprechen, verhindern die notwendige Lohntransparenz und leisten Lohndiskriminierungen Vorschub. Das Bundesgericht hat zwar

---

[25] Urteil vom 24.8.1990 (siehe JAR 1991 S. 165).
[26] Art. 4 Abs. 4: «Der Lohn für Heimarbeit richtet sich nach den im eigenen Betrieb für gleichwertige Arbeit geltenden Ansätzen. Fehlt ein vergleichbarer Betriebslohn, so ist der im betreffenden Wirtschaftszweig übliche Regionallohnansatz für ähnliche Arbeiten anzuwenden. Den unterschiedlichen Arbeitsbedingungen zwischen Betrieb und Wohnort des Heimarbeiters sowie den mit der Heimarbeit verbundenen Mehr- oder Minderaufwendungen für Arbeitgeber und Arbeitnehmer ist angemessen Rechnung zu tragen.»

in einem Urteil die Auffassung vertreten, dass es grundsätzlich möglich sei, in einer Betriebsordnung die Arbeitnehmerinnen und Arbeitnehmer zu verpflichten, Verschwiegenheit über den eigenen Lohn zu wahren[27]. Es ist davon auszugehen, dass das bundesgerichtliche Urteil den verfassungsrechtlichen Anspruch auf Lohngleichheit nicht berücksichtigt hat. Die Möglichkeit, Arbeitnehmerinnen zur Verschwiegenheit über den eigenen Lohn zu verpflichten, würde die Durchsetzung von Lohnansprüchen gestützt auf Art. 4 Abs. 2 Satz 3 BV unverhältnismässig erschweren, ja zum Teil verunmöglichen.

Entsprechende Vertragsklauseln oder Weisungen müssen daher grundsätzlich als unzulässig erachtet werden, da sie sich diskriminierend und somit persönlichkeitsverletzend auswirken. Sie sind im Hinblick auf Art. 4 Abs. 2 Satz 3 BV widerrechtlich und deshalb nichtig.

Der Arbeitgeber soll Arbeitnehmerinnen zu Fragen der Lohngestaltung objektiv Auskunft geben und auch die entsprechenden Lohnkriterien offenlegen.

3.2 Arbeitsbewertungsverfahren

Der Umsetzung der Lohngleichheit in die Praxis dient die Arbeitsplatzbewertung, bei welcher die verschiedenen Arbeitstätigkeiten personenunabhängig bewertet werden. Mittels analytischer Arbeitsbewertungsverfahren können anforderungsgerechte und diskriminierungsfreie Lohnsysteme verwirklicht werden. Es kann auf diese Weise sichergestellt werden, dass z.B. typische Frauenberufe nicht schlechter bezahlt werden als typische Männerberufe.

Analytische Arbeitsbewertungsverfahren basieren auf einem Merkmalkatalog, in dem die Anforderungs- und Belastungskriterien eines Arbeitsplatzes enthalten sind[28]. Die verschiedenen Merkmale werden gewichtet. Aufgrund einer Arbeitsplatzbeschreibung, welche alle wichtigen Merkmale eines bestimmten Arbeitsplatzes umfasst, wird alsdann dessen Gesamtarbeitswert berechnet.

---

[27] SJZ Nr. 9/1995, S. 177 f.
[28] Vgl. Musterkatalog im Anhang.

Auch bei der Anwendung von Arbeitsbewertungsverfahren ist es wichtig, dass die Bewertungskriterien offengelegt werden. Die Arbeitsbewertungsverfahren sollten von paritätisch aus Arbeitnehmern und Arbeitgebern zusammengesetzten Kommissionen vorgenommen werden. Ebenso sollten die Sozialpartner, d.h. Arbeitgeber- und Arbeitnehmerverbände, jeweils angemessen in der betreffenden Kommission vertreten sein, da sie über notwendiges Fachwissen und Erfahrung verfügen.

Ob **betriebsübergreifende** Arbeitsbewertungsverfahren zulässig sind, ist umstritten. In der Schweiz wird dies überwiegend skeptisch beurteilt.[29] Betriebsübergreifende Vergleiche sollten u.E. jedenfalls dann möglich sein, wenn Gesamtarbeitsverträge die wesentlichen Bewertungskriterien für eine ganze Branche bindend festlegen.[30]

Richtigerweise geht das Bundesgericht davon aus, dass ein Vergleich selbst bei **verschiedenartigen** Tätigkeiten möglich ist. Die verglichenen Berufe müssen also nicht einmal ähnlich, sondern lediglich nach objektiven Kriterien vergleichbar sein.[31]

3.3 Mögliche Diskriminierungsquellen bei Arbeitsbewertungsverfahren

Systematische Arbeitsbewertungsverfahren sind nur dann sinnvoll, wenn sie objektiv sind und keine Diskriminierungsquellen aufweisen. Solche Diskriminierungsquellen können u.a. sein:

– die Nichtbeteiligung der Frauen bei der Arbeitsplatzbewertung
– die Orientierung an den bestehenden Löhnen im Betrieb bei der Anwendung von Arbeitsbewertungsverfahren
– die Aufnahme von Merkmalen, welche für die zu bewertende Tätigkeit unbedeutend sind
– die Auslassung von Merkmalen, welche für die zu bewertende Tätigkeit von Bedeutung sind
– die Aufnahme von Merkmalen, welche sich stark überschneiden

---

[29] Stöckli, Gleichstellung im Arbeitsrecht, AJP 11/93 S. 1382.
[30] Stutz, Lohngleichheit für Mann und Frau, FN 35.
[31] BGE 117 Ia 270 ff.

- eine unverhältnismässige Gewichtung bestimmter Merkmale (insbesondere die unverhältnismässige Gewichtung typisch männlicher Eigenschaften).

4. Gleichwertigkeit der Arbeit

4.1 Gleichartige und gleichwertige Arbeit

Art. 4 Abs. 2 Satz 3 BV gebraucht den Begriff der «gleichwertigen Arbeit». Der Gesetzgeber hat auf eine Konkretisierung von Art. 4 Abs. 2 Satz 3 BV und damit auch des Begriffs der «gleichwertigen» Arbeit verzichtet. Die Interpretation dieses unbestimmten Rechtsbegriffes wurde der Lehre und Rechtsprechung überlassen. Sowohl die Gerichtspraxis wie auch die Lehre haben immer wieder bestätigt, dass der Anspruch auf gleichen Lohn **keine gleichartige,** wohl aber eine **gleichwertige** Arbeit voraussetzt. Dabei wird einerseits postuliert, die Gleichwertigkeit ergebe sich aufgrund eines Leistungsvergleichs und beziehe sich somit auf das Arbeitsergebnis (individuelle Leistungskriterien). Andererseits soll sich die Gleichwertigkeit aufgrund der Funktion der Tätigkeit bemessen (funktionelle Kriterien). Es erscheint jedoch nicht sinnvoll, die Ermittlung der Gleichwertigkeit ausschliesslich aufgrund des einen oder anderen Bewertungssystems vorzunehmen. **Vielmehr müssen sowohl die Anforderungen, die an eine Arbeitstätigkeit gestellt werden, als auch die individuelle Leistung berücksichtigt werden**[32].

Beispiele individueller Leistungskriterien:
- fachliche Qualifikation
- Berufserfahrung
- Einsatzbereitschaft
- geistige und körperliche Belastbarkeit
- Initiative
- Sorgfalt
- Speditivität
- Einfühlungsvermögen

---

[32] Urteil des Verwaltungsgerichts Obwalden vom 21. Juni 1985 (siehe SAE 85, S. 29 ff).

- Durchsetzungsvermögen
- Zuverlässigkeit
- Teamfähigkeit
- Arbeitsvermögen (Geschicklichkeit, Fingerfertigkeit, Körperkraft, usw.).

Beispiele funktioneller Kriterien:[33]
- Ausbildungskenntnisse
- Verantwortungsgebiet
- hierarchische Stellung
- Konzentrationsanforderungen
- Umgang mit speziellen Personengruppen (besonderes Mass an Zuwendung, Bewältigung schwieriger sozialer Situationen)
- ungünstige Umgebungsbedingungen und Belastungen am Arbeitsplatz (grosse Hitze, Kälte, Heben von schweren Lasten, Monotonie, Gefährlichkeit, einseitige Belastung).

4.2 Bessere Ausbildung als Grund für höheren Lohn

Eine bessere Ausbildung rechtfertigt einen höheren Lohn dann, wenn diese Ausbildung vom Arbeitgeber gefordert wird oder für die Arbeit, die verrichtet werden muss, von Nutzen ist.[34]

Beispiel:

Entsprechend den Fächern, welche die Primarlehrer nach dem bernischen Recht zu unterrichten bemächtigt sind, ist deren Ausbildung breiter, als jene der Arbeitslehrerinnen. Die Unterschiede in der Ausbildung sind auf die berufliche Tätigkeit ausgerichtet, die beim Primarlehrer mehr und breitere Fachkenntnisse voraussetzt, als bei der Arbeitslehrerin. Der höhere Lohn des Primarlehrers ist aus diesem Grund gerechtfertigt.[35]

---

[33] Vgl. Musterkatalog im Anhang.
[34] BGE 117 Ia 270 ff.
[35] BGE 117 Ia 270.

Eine generelle Anwendung des Grundsatzes «Bessere Ausbildung führt zu einem höheren Lohn» ist somit falsch. Entscheidend ist, ob sie für die betreffende Arbeit tatsächlich von Bedeutung ist.

4.3 Berücksichtigung sämtlicher Arbeitsvorgänge

Um die Gleichwertigkeit von Arbeitstätigkeiten festzustellen, sind sämtliche Arbeitsvorgänge, die zu den jeweiligen Arbeiten gehören, zu berücksichtigen.

Nicht statthaft ist, dass einseitig die Tätigkeit der männlichen Arbeitnehmer berücksichtigt wird.

> **Beispiel:**[36]
>
> Der amerikanische Gerichtshof hat in bezug auf die Arbeit von Gefängniswärterinnen im Vergleich zu derjenigen der Gefängniswärter eine Lohngleichheit bejaht, weil zwar die Gefängniswärter mehr Häftlinge zu beaufsichtigen hatten, die Wärterinnen jedoch mehr Büroarbeiten leisteten.

Ebensowenig dürfen typisch männliche Attribute, wie z.B. Körperkraft als Massstab genommen werden.

> **Beispiel:**
>
> Ein Reinigungsgeschäft entlöhnt die weiblichen Arbeitnehmer der Putzequipe wesentlich schlechter, mit der Begründung, die Männer würden die schweren Bodenputzmaschinen in die Etagen tragen, die Frauen lediglich das übrige Putzmaterial.

Zu Recht wird die Auffassung vertreten, dass sich mit dieser Begründung kein Lohnunterschied rechtfertigen lässt. Ob man nun die Muskelkraft zum Transport einer einzelnen Apparatur oder aber die Raschheit und Gewandtheit beim Transport einer Reihe von Putzutensilien zum Massstab nimmt, ist gleichwertig. Abgesehen davon ist die Bedienung einer Bodenputz-

---

[36] Isabelle Mahrer, Gleicher Lohn für gleichwertige Arbeit, S. 16.

maschine wesentlich angenehmer und leichter als das Bücken beim Feinreinigen von Ecken und Ritzen.

Die Bewertung der Arbeit stützt sich vor allem im körperlichen Bereich sehr oft auf männliche Leistungsformen wie Kraft, Stärke, Muskeln ab, während Beweglichkeit, Geschicklichkeit, Präzisionsfähigkeit nur am Rande figurieren, was vor allem weibliche Stärken und Eigenschaften sind. Insbesondere die zunehmende Technisierung macht es aber nötig, von der Überbewertung der Muskelkraft Abstand zu nehmen und vermehrt die Beanspruchung der Sinne und Nerven zu berücksichtigen.[37]

Weder typisch weibliche noch typisch männliche Attribute rechtfertigen einen Lohnunterschied zwischen Mann und Frau.

4.4 Typische Frauenberufe und typische Männerberufe

Werden Vergleiche zwischen der Entlöhnung verschiedener Berufe angestellt, so ist vorerst zu überprüfen, ob es sich um einen typisch weiblichen Beruf handelt (auch wenn vereinzelt von Männern ausgeübt) und dieser im Verhältnis zu ausgeprägten Männerberufen schlechter bezahlt ist.

Beispiele:

Die Funktionen der Krankenschwester und des Sanitätsfahrers sind zwar einander ähnlich, in manchen Belangen aber verschieden. Im Rahmen einer analytischen Arbeitsplatzbewertung wurde jedoch festgestellt, dass die Ähnlichkeiten dieser beiden Berufsgattungen einen tragfähigen Vergleich zulassen. Das Bundesgericht kam zum Ergebnis, dass die Arbeit einer Krankenschwester im Vergleich mit jener eines Sanitätsmannes gleichwertig sei.

Ebenso hiess das Bundesgericht eine staatsrechtliche Beschwerde von Basler Kindergärtnerinnen sowie Arbeits- und Hauswirtschaftslehrerinnen gut, die gerügt hatten, dass sie weniger verdienten als die Kolleginnen und Kollegen auf der Primar- und Oberstufe. Sie wurden in der Folge um zwei Lohnklassen höher eingestuft. Das Bundesgericht vertrat die Auffassung, dass die Tiefereinstufung nur darum zustande gekommen sei, weil es sich hier um typische Frauenberufe handle.

---

[37] Isabelle Mahrer, a.a.O..

Den Kindergärtnerinnen, Arbeits- und Hauswirtschaftslehrerinnen wurde attestiert, dass sie hinsichtlich Verantwortungsbewusstsein, Selbständigkeit, Durchsetzungsvermögen, seelischer Belastung und geistiger Fähigkeit im Vergleich zu den anderen Lehrkräften zu schlecht bewertet worden seien.[38]

4.5 Keine Diskriminierung aufgrund von Schutzbestimmungen des Arbeitsgesetzes

Häufig werden die Schutzbestimmungen des Arbeitsgesetzes (Art. 33 ff) als Grund angegeben, um eine Lohnungleichheit zu rechtfertigen. So wird etwa auf das Verbot der Nacht- und Schichtarbeit, des Arbeitsverbot während 8 Wochen nach der Niederkunft oder die für Frauen verbotenen Arbeiten gemäss Art. 67 der Verordnung I zum Arbeitsgesetz hingewiesen.

Die meisten Schutzvorschriften wurden jedoch lediglich in das Gesetz aufgenommen, um es der Frau zu ermöglichen, nebst ihrer Arbeitstätigkeit noch einen Familienhaushalt zu führen. Diese Gesetzesbestimmungen entsprechen also insofern der herkömmlichen Rollenverteilung in unserer Gesellschaft, die zur Doppelbelastung der Frauen führt. Sie stellen folglich keine Privilegierung dar und dürfen auch nicht zum Nachteil der Frau bei der Prüfung der Lohngleichheitsansprüche bzw. bei der Bewertung der Gleichwertigkeit von Arbeiten geltend gemacht werden.

4.6 Keine Diskriminierung als Folge der traditionellen Aufgabenteilung

Auch die Argumente, dass Frauen höhere Fehlzeiten hätten oder den Arbeitsplatz häufiger wechseln würden als Männer, rechtfertigen keine Lohnunterschiede. Wie bereits erwähnt führt die traditionelle Rollenverteilung dazu, dass Männer ihre Arbeitskraft dem Arbeitgeber ungehinderter zur Verfügung stellen können. Arbeitnehmerinnen sind demgegenüber durch die Haushaltsführung und Übernahme von familiären Verpflichtungen der klassischen Doppelbelastung ausgesetzt. Ohne die von der Ehefrau gewährleistete haushaltliche Infrastruktur könnten die männlichen verheirateten

---

[38] BGE 117 Ia 262 ff.

Arbeitskräfte auch kaum in diesem Ausmass Nachtschicht, Überstundenarbeit usw. leisten. Solche Gründe dürfen somit ebenfalls nicht zum Nachteil der Frau geltend gemacht werden.

4.7 Unwichtige Unterschiede

Nicht erheblich sind Eigenschaften, die zwar für den Betrieb allenfalls von Nutzen sind, aber nicht mit dem Pflichtenheft der Stelle in Zusammenhang stehen.

> **Beispiele:**
>
> Wenn eine Arbeitnehmerin, die die Realschule besucht hat, während der Arbeitnehmer die Sekundarschule abschloss, und anschliessend beide eine Berufslehre absolvierten, so spielt die Differenz zwischen Real- und Sekundarschule keine Rolle mehr, da beide mit dem Abschluss der Berufslehre Gleichwertiges vorzuweisen haben[39].
>
> Ein Altersunterschied von etwas über einem Jahr wird als zu gering erachtet, als dass er lohnmässig ins Gewicht fallen darf.[40]

5. Der Umfang des Diskriminierungsverbotes

5.1 Direkte und indirekte Lohndiskriminierung

Verbotene Lohndiskriminierung liegt immer dann vor, wenn diese auf geschlechterspezifischen Überlegungen beruht. Klar erkennbar ist eine Diskriminierung dann, wenn eine Frau für die gleiche oder gleichwertige Arbeit weniger Lohn erhält als ihre männlichen Kollegen. Verboten sind jedoch nicht nur diese direkten, sondern auch die verdeckten Diskriminierungen. Dazu gehört etwa ein höheres Lohnniveau in einem Filialbetrieb, in dem ausschliesslich Männer arbeiten, als in einem entsprechenden Filialbetrieb, in dem ausschliesslich oder mehrheitlich Frauen beschäftigt

---

[39] Arbeitsgericht Zürich, Urteil vom 25. September 1992 (siehe JAR 1993, S. 160 ff).
[40] Arbeitsgericht Zürich, a.a.O.

werden. **Art. 4 Abs. 2 Satz 3 BV verbietet die direkte wie auch die indirekte Lohndiskriminierung.**

Dieser Verfassungsartikel gewährleistet indessen lediglich, dass Männer und Frauen Anspruch auf den gleichen Lohn für gleichwertige Arbeit haben. Er vermag hingegen nicht, andere geschlechterdiskriminierende Ungleichbehandlungen, die zu einer Lohnbenachteiligung führen, zu verhindern:

So kann daraus **kein Anspruch auf Beförderung** abgeleitet werden. Wenn eine Arbeitnehmerin, die über die gleichen beruflichen Voraussetzungen verfügt wie ihre Arbeitskollegen, bei der Beförderung nicht berücksichtigt wird, so liegt keine einklagbare Lohnbenachteiligung im Sinne von Art. 4 Abs. 2 Satz 3 BV vor. Eine diskriminierende Nichtbeförderung kann erst mit Inkrafttreten des Gleichstellungsgesetzes behoben werden. Würde man die Auffassung vertreten, dass in einem solchen Fall auch eine widerrechtliche Lohnbenachteiligung vorläge und der Frauenlohn demgemäss auf das Niveau des beförderten Mannes angehoben werden müsste, so könnte dies wiederum weitere Lohndiskriminierungen nach sich ziehen. Ein Mann, der die gleiche Arbeit wie die nicht beförderte Frau ausübt, könnte nämlich gestützt auf Art. 4 Abs. 2 Satz 3 BV ebenfalls den entsprechend höheren Lohn verlangen. Dies würde das Lohngefüge einer ganzen Unternehmung anheben, was einen nicht beabsichtigten Eingriff in die Lohnautonomie der Vertragspartner darstellte.

Die selben Überlegungen gelten auch für den Fall, dass aus geschlechterdiskriminierenden Gründen lediglich männlichen Arbeitnehmern zusätzliche Aufgaben zugewiesen werden und sie deswegen einen höheren Lohn erhalten. Auch eine solche Diskriminierung wird erst vom Gleichstellungsgesetz erfasst.

5.2 Der vergleichbare Lohn

Um eine Lohndiskriminierung festzustellen, muss festgelegt werden, was zum **vergleichbaren Lohn** gehört. Im von der Schweiz mitunterzeichneten massgebenden Übereinkommen der internationalen Arbeitskonferenz[41] wird der Vergleichslohn wie folgt umschrieben:

---

[41] Übereinkommen Nr. 100 der internationalen Arbeitskonferenz vom 29. Juni 1951 über die Gleichheit des Entgeltes männlicher und weiblicher Arbeitskräfte für gleichwertige Arbeit. Von der Bundesversammlung genehmigt am 15. Juni 1977, in Kraft seit 25. Oktober 1973 (AS 1973, 160 1 ff).

«Der Ausdruck ‹Entgeltung› umfasst den üblichen Lohn, den Grund- oder Mindestlohn oder das übliche Gehalt, das Grund- oder Mindestgehalt sowie alle zusätzlichen Vergütungen, die der Arbeitgeber aufgrund des Dienstverhältnisses dem Arbeitnehmer mittelbar oder unmittelbar in bar oder in Sachleistungen zu zahlen hat.»

Beim Vergleich müssen somit sämtliche Lohnbestandteile, wozu auch Naturallohnleistungen oder Vergünstigungen gehören, berücksichtigt werden.

Leistungen des Arbeitgebers, die im Zusammenhang mit Entlassungen oder Kündigungen ausgerichtet werden, haben ebenso dem Lohngleichheitsgebot zu entsprechen. Dies betrifft z.B. Abfindungen sowie Zahlungen, die aufgrund von Sozialplänen vorgenommen werden. Arbeitnehmerinnen, die gleiche oder gleichwertige Arbeit verrichten, haben Anspruch, dass ihnen solche Zahlungen unter den gleichen Bedingungen gewährt werden wie ihren Arbeitskollegen.

5.3 Sozialzulagen als Lohnbestandteil

Nicht nur die leistungsabhängigen Teile des Lohnes, sondern auch die sozialen Lohnkomponenten, wie Alterszulage, Haushaltzulage, Familienzulage usw., müssen unter den gleichen Bedingungen geschlechtsneutral gewährt werden.

Eigentliche **Familienzulagen** bzw. **Haushaltzulagen** für Verheiratete stellen indessen einen Beitrag an die Kosten **des gemeinsamen Haushaltes** dar. Sie werden ihrem Begriff und Zweck entsprechend nicht jedem der beiden Ehegatten individuell, sondern nur beiden zusammen einmal ausgerichtet. Die Berechtigten dieser Zulage sind die Familien. Es geht insofern nicht um Ungleichbehandlung von Mann und Frau, sondern von Ehepaaren in einer bestimmten Erwerbskonstellation gegenüber anderen Ehepaaren[42]. Wird die Zulage einem Ehegatten ausgerichtet, so kann der andere sie nicht noch einmal fordern. Solche Zulagen stehen aber insoweit unter dem Schutz des Lohngleichheitsgebotes, als sie unter den gleichen Bedingungen geschlechtsneutral gewährt werden müssen.

---

[42] Unveröffentlichtes Urteil des Bundesgerichtes vom 31.10.1985, erwähnt im Urteil des Verwaltungsgerichtes Solothurn (siehe FN 43).

Beispiel:

Eine verheiratete Lehrerin kann **Haushaltzulagen** fordern, sofern nicht bereits ihrem Ehemann solche Zulagen zustehen. Die Regelung, dass eine solche Zulage einer verheirateten Lehrerin nur dann zusteht, wenn ihr Ehemann ohne Erwerb ist, wohingegen für den Ehemann diese Voraussetzung nicht besteht, verstösst demgemäss gegen das Lohngleichheitsgebot[43].

5.4 Diskriminierungsverbot nach Beendigung des Arbeitsverhältnisses

Das Lohngleichheitsgebot garantiert auch die Gleichbehandlung nach Beendigung des Arbeitsverhältnisses, wiederum unter Berücksichtigung sämtlicher Entgeltsbestandteile. Die Verjährungsfrist beginnt in solchen Fällen mit der Fälligkeit des entsprechenden Betrages zu laufen.

Beispiel:

Nach dem Ausscheiden aus dem Arbeitsverhältnis bei den britischen Eisenbahnen hatten die männlichen Arbeitnehmer bei Erreichen des Pensionierungsalters weiterhin Anspruch auf besondere Vergütungen im Reiseverkehr für sich, ihre Ehefrauen und unterhaltsberechtigte Kinder. Den Arbeitnehmerinnen wurde eine solche Vergütung nicht zugestanden. Der europäische Gerichtshof erblickte darin einen Verstoss gegen das Lohngleichheitsgebot, weil die Vergütung unmittelbar aufgrund des Dienstverhältnisses bezahlt wurde. Der europäische Gerichtshof stellte fest, dass es auf die Rechtsnatur der Vergünstigung nicht ankomme, massgebend sei lediglich, dass sie im Zusammenhang mit dem Dienstverhältnis gewährt würde.[44]

Der Entscheid des Europäischen Gerichtshofes stimmt mit dem Sinn und Zweck von Art. 4 Abs. 2 Satz 3 BV überein und müsste somit gegebenenfalls auch in der Schweiz Anwendung finden.

---

[43] Urteil Verwaltungsgericht Solothurn vom 1.12.1989, JAR 1991, S. 172 ff.
[44] Siehe Mahrer, Gleicher Lohn für gleichwertige Arbeit, S. 16.

5.5 Keine Mindestlohngarantie

Aus Art. 4 Abs. 2 Satz 3 BV lässt sich **keine Mindestlohngarantie** ableiten. So gibt es keinen absoluten Anspruch darauf, dass der Frauenlohn in Zukunft auf die Höhe des Männerlohnes angehoben wird. Das Lohngleichheitsgebot garantiert nur den gleichen Lohn für gleichwertige Arbeit, nicht aber eine bestimmte Höhe des Lohnes[45]. Somit ist es im Einzelfall durchaus denkbar, dass Männerlöhne auf das Frauenlohnniveau gesenkt werden. Der Verfassungsartikel greift nicht in die Lohnautonomie der Vertragsparteien ein, weder auf der Stufe des Einzelarbeitsvertrages, noch auf derjenigen des Gesamtarbeitsvertrages.

5.6 Geltung auch bei geringfügigen Lohndifferenzen

Geschlechterspezifische Lohndifferenzen sind auch dann unhaltbar, wenn die Unterschiede nur geringfügig sind.

> **Beispiel:**
>
> Im Kanton Schaffhausen bestand die Regelung, dass die Primarlehrer einerseits und die Handarbeits- und Hauswirtschaftslehrerinnen andererseits in der selben Besoldungsklasse 14 eingeteilt waren. Die Handarbeits- und Hauswirtschaftslehrerinnen mussten jedoch, um den selben Lohn wie die Primarlehrer zu erreichen, 31 Wochenlektionen erteilen, während die Primarlehrer dagegen nur deren 30 benötigten.

Obwohl der Lohnunterschied somit lediglich einen Dreissigstel betrug, wertete das Obergericht Schaffhausen dies als Verletzung von Art. 4 Abs. 1 bzw. Abs. 2 BV.

Das Gericht stellte sich dabei richtigerweise auf den Standpunkt, dass es zwei Möglichkeiten geben kann, diese Lohndiskriminierung zu beseitigen – nämlich entweder den Lohn der Handarbeits- oder Hauswirtschaftslehrerinnen anzuheben oder aber die wöchentliche Unterrichtsverpflichtung für Primarlehrer an diejenige der Handarbeits- und Hauswirtschaftslehrerinnen anzugleichen.[46]

---

[45] Appellationshof Bern, Urteil vom 26. Februar 1991, JAR 1992, S. 162 ff.
[46] JAR 1991, S. 178 ff.

6. Die Ungültigkeit von diskriminierenden Lohnvereinbarungen

6.1 Einzelarbeitsvertrag

Beim Lohngleichheitsgrundsatz handelt es sich um eine Bestimmung des Verfassungsrechts, welche im Privatrecht zwingend zu beachten ist. Obwohl Art. 19 OR den Grundsatz der Vertragsfreiheit kennt, geht Art. 4 Abs. 2 Satz 3 BV dieser obligationenrechtlichen Bestimmung vor. Gestützt auf Art. 19 OR kann Inhalt eines Vertrages nämlich nur sein, was sich innerhalb der Schranken der zwingenden Gesetzesbestimmungen bewegt. Zu diesen Schranken gehören auch Art. 4 Abs. 2 Satz 3 BV sowie das Gleichstellungsgesetz. Dem Lohngleichheitsgebot widersprechende vertragliche Abmachungen sind somit nichtig. Die übrigen Vertragsklauseln bleiben jedoch gültig (Art. 20 Abs. 2 OR).

6.2 Gesamtarbeitsvertrag

Der Gesamtarbeitsvertrag ist eine Vereinbarung zwischen Arbeitgebern oder deren Verbänden und Arbeitnehmerorganisationen zur verbindlichen Regelung der Arbeitsbedingungen für die beteiligten Arbeitgeber und Arbeitnehmerinnen. Die Vertragspartner bei Gesamtarbeitsverträgen sind ebenfalls an Art. 4 Abs. 2 Satz 3 BV gebunden. Auch hier gilt der Grundsatz der Vertragsfreiheit gemäss Art. 19 OR nur innerhalb der Schranken des Gesetzes, weshalb in Gesamtarbeitsverträgen geschlechterdiskriminierende Lohnbestimmungen nicht enthalten sein dürfen.[47] Solche Regelungen verstossen gegen übergeordnetes zwingendes Recht, sind demgemäss nichtig (Art. 20 OR) und müssen allenfalls abgeändert werden. Demzufolge hat die einzelne Arbeitnehmerin das Recht, mittels Klage ihren Lohnanspruch gestützt auf Art. 4 Abs. 2 Satz 3 BV gerichtlich durchzusetzen, auch wenn eine solche Vertragsklausel in einem Gesamtarbeitsvertrag enthalten ist. Dies gilt

---

[47] Gemäss einer Studie des Berner Büros für arbeits- und sozialpolitische Studien BASS, welches im Auftrag des Nationalfonds die 69 grössten, 1993 gültigen Gesamtarbeitsverträge untersucht hat, enthält jeder sechste GAV indirekte Diskriminierungen der Arbeitnehmerinnen (Beat Baumann, Tobias Bauer, Bettina Nyffenegger, Stefan Spycher: Gesamtarbeitsverträge – (k)eine Männersache).

ebenso für Gesamtarbeitsverträge, die vom Bundesrat oder den entsprechenden kantonalen Behörden allgemeinverbindlich erklärt wurden.[48]

Die Nichtigkeit von verfassungswidrigen Bestimmungen in einem Gesamtarbeitsvertrag kann auch nicht durch die an der Urabstimmung teilnehmenden Mitglieder geheilt werden. Wird ein solchermassen verfassungswidriger Gesamtarbeitsvertrag abgeschlossen, so können weder die an der Urabstimmung teilnehmenden Mitglieder noch die Gewerkschaft oder der Arbeitgeberverband an die verbleibende unvollständige Übereinkunft gebunden sein. Vielmehr muss ein neuer Konsens gefunden werden. Den stimmberechtigten Mitgliedern der Gewerkschaft muss die Möglichkeit eingeräumt werden, dem neu ausgehandelten Gesamtarbeitsvertrag mit einer verfassungsmässigen Mindestlohnregelung in seiner Gesamtheit die Zustimmung zu gewähren oder zu verweigern[49]).

Beispiel:

1990 wurde nach langjährigen Verhandlungen zwischen der Gewerkschaft Druck und Papier und der Schweiz. grafischen Gesellschaft einerseits und dem Verein der Buchbindereien der Schweiz andererseits ein neuer GAV beschlossen. Dieser GAV wurde von den zuständigen Verbandsgremien statutengemäss genehmigt. In diesem GAV wurden die ab 1. Januar 1990 gültigen Mindestlöhne für die verschiedenen Kategorien von Arbeitnehmern festgehalten. Dabei wurde für ungelernte Männer ein Mindestlohn von Fr. 2'684.– und für ungelernte Frauen ein solcher von Fr. 2'200.– vereinbart. Der Lohn für Frauen sollte auf den 1. Juli 1990 und auf den 1. Januar 1991 sowie danach in jährlichen Abständen um je Fr. 50.– angehoben werden, bis dann am 1. Januar 1999 die volle Gleichheit der Mindestlöhne von Männern und Frauen erreicht würde (Stufenregelung). Dieser Vertrag wurde vom

---

[48] In diesem Zusammenhang ist auf einen Entscheid des Bundesrates hinzuweisen, der in den Siebzigerjahren – also bereits vor Bestehen von Art. 4 Abs. 2 BV- einem GAV des Coiffeurgewerbes die Allgemeinverbindlichkeitserklärung verweigerte, weil dieser GAV Regelungen enthielt, die gegen das Lohngleichheitsgebotes verstiessen.

[49] Appellationshof Bern, Urteil vom 26. Februar 1991, JAR 1992, S. 162 ff.

Appellationshof Bern als nichtig erklärt, da er gegen Art. 4 Abs. 2 Satz 3 BV verstiess[50].

6.3 Verzichtsverbot

Während der Dauer des Arbeitsverhältnisses und eines Monates nach dessen Beendigung können Arbeitnehmerinnen auf Forderungen, die sich aus unabdingbaren Vorschriften des Gesetzes oder aus unabdingbaren Bestimmungen eines Gesamtarbeitsvertrages ergeben, nicht rechtsgültig verzichten (Art. 341 OR). Ein solcher Verzicht wäre während der Dauer des Arbeitsverhältnisses und während eines Monates danach unverbindlich. Dies gilt auch in bezug auf Ansprüche aufgrund des Lohngleichheitsgebotes[51].

7. Durchsetzung des Lohngleichheitsprinzips

7.1 Checkliste für Arbeitnehmerinnen

Sprechen Sie mit Ihren Arbeitskolleginnen und Arbeitskollegen über Ihren Lohn und vergleichen Sie die entsprechenden Löhne im Hinblick auf Ihr Tätigkeitsgebiet und das entsprechende Pflichtenheft.

Aufgaben und Verantwortungsbereiche sollten im Arbeitsvertrag detailliert und vollständig aufgeführt sein, ebenso die jeweiligen Kompetenzen.

Verlangen Sie vom Betrieb die Bewertungsgrundlagen, die der Lohngestaltung zugrundeliegen.

---

[50] Dieses Urteil des Appellationshofes Bern gilt gemäss Vischer für den Fall, dass die diskriminatorische Entlöhnung vor Inkrafttreten des GAV geltend gemacht wird. Enthält ein GAV eine geschlechterdiskriminierende Lohnklausel und wird dies vor Inkrafttreten des GAV geltend gemacht, so erklärt der Richter gestützt auf Art. 20 OR den gesamten GAV für nichtig. Ist hingegen ein GAV im Zeitpunkt einer solchen Geltendmachung bereits in Kraft, so sind lediglich diejenigen Vertragsklauseln nichtig, die geschlechterdiskriminierende Bestimmungen enthalten. In beiden Fällen besteht ein Anspruch auf Nachzahlung der Differenz zum höheren Männerlohn (siehe Vischer § 10 I 5).

[51] Urteil des Arbeitsgerichtes Zürich vom 25. September 1992, JAR 1993, S. 160 ff.

Überprüfen Sie diese Kriterien auf ihre Objektivität und auf ihre Vollständigkeit.

Bei Fragen und Unsicherheiten nehmen Sie mit Ihrem Vorgesetzten das Gespräch auf. Sollte dieses zu keinem befriedigenden Ergebnis führen, so wenden Sie sich an Ihren Arbeitnehmerinnenverband oder an eines der Gleichstellungsbüros.

7.2 Öffentliche Vergabe von Bundesaufträgen

Der Bund ist gemäss dem Bundesgesetz über das öffentliche Beschaffungswesen vom 16.12.1994[51a] ausdrücklich verpflichtet, Aufträge nur an Anbieter und Anbieterinnen zu vergeben, welche für Arbeitnehmer und Arbeitnehmerinnen, die in der Schweiz tätig sind, die Gleichbehandlung von Mann und Frau bezüglich Lohn gewährleisten. Diese Bestimmung bietet somit Arbeitgebern einen wirtschaftlichen Anreiz dafür, dass sie dem Lohngleichheitsgrundsatz nachleben.

7.3 Rechtliche Durchsetzung

Im **öffentlichrechtlichen** Bereich ist neben Art. 13 GlG das entsprechende Verfahrensrecht des Bundes oder der Kantone massgebend. Dieses bestimmt, welche Behörde für die Behandlung der Lohnklage zuständig ist. Meistens wird zuerst ein verwaltungsinternes Verfahren durchgeführt, das in der Regel bei kantonalen Angestellten vor das kantonale Verwaltungsgericht und sodann vor Bundesgericht gezogen werden kann.

Im **privatrechtlichen** Bereich richten sich die entsprechenden Lohnklagen nach den kantonalen Zivilprozessordnungen und Art. 343 des Obligationenrechts sowie ab 1. Juli 1996 nach den Bestimmungen des Gleichstellungsgesetzes. Art. 343 OR schreibt vor, dass die Kantone für Lohnklagen bis zu einem Streitwert von Fr. 20'000.– ein einfaches und rasches Verfahren zur Verfügung zu stellen haben, das kostenlos ist. Nach Inkraftsetzung des Gleichstellungsgesetzes fällt die Streitwertgrenze für das kostenlose Verfahren weg (Art. 12 Abs. 2 GlG). In diesem Verfahren gilt sodann die

---

[51a] SR 172.056.1

Untersuchungsmaxime; d.h. das Gericht hat den Sachverhalt von Amtes wegen festzustellen. Der Richter ist somit gehalten, den rechtsuchenden Parteien bei der Erstellung des rechtswesentlichen Sachverhaltes zu helfen.

Bis zur Inkraftsetzung des Gleichstellungsgesetzes hat die Arbeitnehmerin bei ihrer Lohngleichheitsklage die Gleichwertigkeit der Arbeitsleistung zu beweisen, der Arbeitgeber hingegen die objektiven Gründe, welche eine unterschiedliche Lohnbehandlung rechtfertigen.[52] Nach Inkrafttreten des Gleichstellungsgesetzes ändert sich die Beweislastverteilung (vgl. 1. Kap. 4.7 a).

Häufig wird im Prozessfall ein wissenschaftliches Gutachten zur Abklärung der Lohngleichheitsfrage erforderlich sein. Wenn das Gericht die Erstellung eines solchen Gutachtens ablehnt, so verletzt es grundsätzlich den Anspruch auf das rechtliche Gehör. Dies gilt auch dann, wenn sich ein Kanton als Arbeitgeber darauf beruft, sein Lohngefüge sei ein in sich geschlossenes System[53].

---

[52] BGE 113 Ia 107, 117.
[53] BGE 117 Ia 262 ff.

3. Kapitel
Sexuelle Belästigung

1. Gesetzliche Grundlagen für den Rechtsschutz

Der Rechtsschutz gegenüber sexueller Belästigung wird nicht erst mit dem **Gleichstellungsgesetz** geregelt. Sowohl der **Persönlichkeitsschutz** als auch die arbeitsvertragliche **Fürsorgepflicht und Haftung des Arbeitgebers** sowie das **Strafrecht** gewähren einer betroffenen Arbeitnehmerin rechtliche Möglichkeiten zur Abwehr bzw. Ahndung von sexuellen Belästigungen. Jedoch ist gerade auch in diesem Bereich darauf hinzuweisen, dass rechtliche Verfahren nicht immer durch ein befriedigendes Verhältnis von Aufwand und Ertrag gekennzeichnet sind und für die betroffene Arbeitnehmerin zudem psychisch belastend sein können. Ist eine angemessene aussergerichtliche Lösung möglich, ist diese allenfalls vorzuziehen.

Auch im **Arbeitsgesetz** ist die Verpflichtung des Arbeitgebers – allerdings nur mit Bezug auf Frauen – festgehalten, für die Wahrung der Sittlichkeit zu sorgen und somit sexuelle Belästigungen zu verhindern (Art. 33 ArG). Wenn er diese Verpflichtung vorsätzlich oder fahrlässig verletzt, macht er sich auch nach dem Arbeitsgesetz strafbar (Art. 59 Abs. 1 lit. c ArG). Diesem öffentlich-rechtlichen Sittlichkeitsschutz, der von den Arbeitsinspektoraten von Amtes wegen überwacht werden muss, kam jedoch in der Praxis bis jetzt keine grosse Bedeutung zu.

Der **Tatbestand der sexuellen Belästigung** entspricht dem mit dem Gleichstellungsgesetz in Art. 3 verbotenen Verhalten (vgl. 1. Kap. 3.1). Das wesentliche Merkmal ist die Tatsache, dass sie von der betroffenen Person unerwünscht ist. Ausgangspunkt ist also die Sichtweise der betroffenen Arbeitnehmerin; diese muss bestimmen können, welches Verhalten in diesem Bereich für sie akzeptabel ist. Es ist die Unerwünschtheit, die eine sexuelle Belästigung von geschlechtsbezogenem Verhalten, das willkommen und gegenseitig ist, unterscheidet. Auf sexuellem Interesse basierendes Verhalten wird spätestens dann zur sexuellen Belästigung, wenn es fortgesetzt wird, nachdem die Arbeitnehmerin deutlich gemacht hat, dass sie es als belästigend empfindet. Natürlich kann auch ein einmaliger Zwischenfall den einklagbaren Tatbestand der sexuellen Belästigung erfüllen, wenn er entsprechend schwerwiegend ist (vgl. insbesondere 3.2).

2. Rechtsschutz gegenüber dem Arbeitgeber

Der Arbeitgeber ist gesetzlich ausdrücklich verpflichtet, die Persönlichkeit der Arbeitnehmer und Arbeitnehmerinnen zu respektieren und sie deshalb auch vor sexuellen Belästigungen zu schützen. Aufgrund dieser arbeitsvertraglichen Fürsorgepflicht hat er dafür die erforderlichen und ihm zumutbaren Vorkehrungen zu treffen (Art. 328 OR).

2.1 Vorbeugungsmassnahmen und Entschädigungspflicht

Gestützt auf das Gleichstellungsgesetz kann die betroffene Arbeitnehmerin **Entschädigungsansprüche gegenüber dem Arbeitgeber** geltend machen, wenn dieser nicht die ihm zumutbaren Vorkehren zu Verhinderung von Belästigungen getroffen hat. Sie kann zudem auf **Beseitigung der Diskriminierung** klagen, die der Arbeitgeber dadurch bewirkt, dass er die zumutbaren Massnahmen zur Verhinderung sexueller Belästigung nicht trifft (vgl. 1. Kap. 4.1 b). Hat sich die belästigte Arbeitnehmerin innerbetrieblich beschwert, so ist sie gemäss Gleichstellungsgesetz **gegen eine Kündigung geschützt**, die ohne begründeten Anlass bis sechs Monate nach Erledigung der Beschwerde bzw. Klage erfolgt.

Aus dem Arbeitsvertragsrecht ergeben sich die folgenden weiteren Möglichkeiten:

2.2 Recht zur Verweigerung der Arbeitsleistung

Verletzt der Arbeitgeber seine vertragliche Pflicht, solche Belästigungen durch geeignete Massnahmen aktiv zu verhindern, kann dies dazu führen, dass die Arbeitnehmerin ihre Vertragspflicht zur Arbeitsleistung nicht erfüllen muss. Natürlich darf es sich dabei nicht nur um eine Geringfügigkeit, etwa eine einzelne anzügliche Bemerkung, handeln. Ausserdem muss dem Arbeitgeber zunächst Gelegenheit gegeben werden, die nötigen Massnahmen zu treffen (z.B. Versetzung des Täters). Trifft er diese trotz Abmahnung nicht, so kann die Arbeitnehmerin ihre **Arbeitsleistung verweigern**, ohne deswegen ihren Lohnanspruch zu verlieren (Art. 324 OR). Der Anspruch auf Lohnzahlung besteht allerdings nicht uneingeschränkt. Obwohl der

Arbeitgeber den Ausfall der Arbeitsleistung zu verantworten hat, trifft die Arbeitnehmerin die Pflicht, den «Schaden» so gering wie möglich zu halten. Ist klar, dass der Arbeitgeber die Massnahmen, welche die Weiterarbeit für die Arbeitnehmerin wieder zumutbar machen würden, nicht ergreift, so muss sie sich um anderweitigen Verdienst resp. um eine andere Arbeit bemühen. Es wird ihr nämlich auf den Lohn angerechnet, was sie durch anderweitige Arbeit erworben oder zu erwerben absichtlich unterlassen hat (Art. 324 Abs. 2 OR).[54]

2.3 Recht zur fristlosen Kündigung

Insbesondere dann, wenn die Belästigung durch den Arbeitgeber selber oder einen Vorgesetzten erfolgt und die Weiterführung des Arbeitsverhältnisses für die Arbeitnehmerin **unzumutbar** ist, kann dies sogar ein Grund für eine fristlose Kündigung sein (mit Anspruch auf Lohnersatz bis zum Ablauf der ordentlichen Kündigungsfrist, Art. 337 und 337b OR).

2.4 Schadenersatz

Wann immer eine **schuldhafte Verletzung der Fürsorgepflicht** durch den Arbeitgeber vorliegt, kann die Arbeitnehmerin zudem Schadenersatz geltend machen. Dabei genügt es, dass Vorgesetzte der betroffenen Mitarbeiterin diese Fürsorgepflicht verletzen, da der Arbeitgeber für deren Verhalten einzustehen hat (Art. 101 OR). Deshalb haftet er auch für sexuelle Belästigungen durch einen Vorgesetzten der Arbeitnehmerin, selbst dann, wenn er davon nichts gewusst hat und dies deshalb auch nicht verhindern konnte.

---

[54] Anders verhält es sich u.E. dann, wenn die Arbeitnehmerin gestützt auf Art. 5 Abs. 1 lit.b GlG ihren Anspruch auf Beseitigung der Diskriminierung gerichtlich einklagt, indem sie mit ihrer Klage fordert, dass der Arbeitgeber die notwendigen und zumutbaren Vorkehrungen trifft. Müsste sie sich in diesem Fall trotzdem um eine andere Arbeit bemühen und würde sie in der Folge eine andere Stelle finden, würde man von ihr verlangen, sich ihre Klagegrundlage gleich selbst zu entziehen. Ihr Anspruch auf tatsächliche Beseitigung der diskriminierenden Unterlassungen seitens des Arbeitgebers würde somit auf diese Weise verunmöglicht. Dies entspricht nicht dem Sinn des Gleichstellungsgesetzes.

2.5 Genugtuung

Bei einer **schweren Verletzung der persönlichen Integrität** besteht zudem ein Genugtuungsanspruch. So hat das Arbeitsgericht Zürich in einem Fall, in welchem zahlreiche sexuelle Belästigungen durch den Arbeitgeber erwiesen waren, die sogar gesundheitliche Folgen für die betroffene Arbeitnehmerin hatten, eine Genugtuung von Fr. 5'000.– als angemessen erachtet.[55]

Bei der gerichtlichen Durchsetzung dieser Ansprüche ist jedoch immer zu beachten, dass die Arbeitnehmerin den Nachweis für die Belästigungen zu erbringen hat, wenn diese bestritten werden (was insbesondere dann mit Schwierigkeiten verbunden sein kann, wenn keine Zeugen vorhanden sind).

3. Rechtsschutz gegenüber dem Täter

3.1 Persönlichkeitsschutz

Gegenüber dem Belästiger selber stehen einer betroffenen Arbeitnehmerin die rechtlichen Mittel des Persönlichkeitsschutzes gemäss Art. 28 ZGB zur Verfügung:

Ist es bereits zu sexuellen Belästigungen gekommen und droht die Gefahr zukünftiger Übergriffe, könnte die betroffene Arbeitnehmerin gegenüber dem Belästiger einen richterlichen **Befehl auf Unterlassung** (unter Strafandrohung gemäss Art. 292 StGB) erwirken. Die ebenfalls mögliche Klage auf Feststellung der durch den Belästiger erfolgten Persönlichkeitsverletzung wird einer belästigten Arbeitnehmerin kaum viel nützen. Indessen kann damit auch eine Klage auf **Schadenersatz** oder Genugtuung verbunden werden. Allerdings hat die Klägerin dabei einen konkret erlittenen Schaden (z.B. Arzt- oder Psychotherapiekosten) sowie den Kausalzusammenhang mit der Belästigung nachzuweisen. Für einen **Genugtuungsanspruch** wird vom Gesetz zudem eine gewisse Schwere der Persönlichkeitsverletzung vorausgesetzt.[56]

---

[55] JAR 1993 S. 167.
[56] Vgl. Beispiel Ziff. 2.5.

3.2 Strafverfahren

Nicht nur die besonders gravierenden sexuellen Übergriffe wie **Vergewaltigung** und **Nötigung** zu einer anderen sexuellen Handlung werden vom Strafrecht geahndet (Art. 189 und 190 StGB).

Von Strafe bedroht sind zudem sexuelle Handlungen, welche in **Ausnützung eines Abhängigkeitsverhältnisses** vorgenommen werden (Art. 193 StGB). Die Abhängigkeit kann insbesondere durch ein Arbeitsverhältnis begründet werden. Als Täter kommen deshalb vor allem Arbeitgeber und Vorgesetzte in Betracht, die die Abhängigkeit einer Arbeitnehmerin dazu missbrauchen, sexuelle Kontakte zu erwirken. Veranlasst der Täter die Arbeitnehmerin dazu, auf seine sexuellen Forderungen einzugehen, indem er ihr für den Weigerungsfall Nachteile (z.B. Verweigerung einer Lohnerhöhung, Versetzung an einen schlechteren Arbeitsplatz) in Aussicht stellt, so ist der Tatbestand der Ausnützung erfüllt. Je nachdem kann sogar eine mit Zuchthaus bedrohte **Nötigung** (bzw. der Versuch dazu) im Sinne von Art. 189 StGB vorliegen, wenn der auf die Arbeitnehmerin ausgeübte Druck erheblich ist. Dies könnte etwa dann der Fall sein, wenn einer Arbeitnehmerin, die auf die Arbeitsstelle ausgesprochen angewiesen ist, mit der Kündigung gedroht wird, und sie aus Angst vor dem Verlust der Arbeitsstelle auf die sexuellen Ansinnen des Arbeitgebers eingeht.

Unter Strafe gestellt wird schliesslich auch die **Belästigung** durch unerwartete sexuelle Handlungen sowie durch Tätlichkeiten oder grobe verbale sexuelle Übergriffe (Art. 198 StGB). Der strafrechtliche Begriff der sexuellen Belästigung umfasst somit nur die offensichtlicheren Formen sexistischen Verhaltens. Als **Tätlichkeit** gelten vorsätzliche Berührungen mit sexuellem Charakter ohne Einverständnis des Opfers (insbesondere also etwa im Genitalbereich, an der weiblichen Brust oder am Gesäss). Die **verbale** (mündliche oder schriftliche) Belästigung muss gemäss Gesetz auf «grobe Weise» erfolgen. Die Grobheit kann sich dabei sowohl aus der verwendeten vulgären Sprache als auch aus der inhaltlichen Obszönität ergeben. In jedem Fall muss die Belästigung jedoch auf eine bestimmte Person abzielen (weshalb das blosse Erzählen obszöner Witze ohne Bezugnahme auf eine bestimmte Person keine sexuelle Belästigung im strafrechtlichen Sinn darstellt).

Die von einem solchen sexuellen Übergriff betroffene Frau kann deshalb gegen den Täter eine **Anzeige** bei der Polizei bzw. Strafverfolgungsbehörde einreichen und die Bestrafung des Täters verlangen. Im Falle der sexuellen

Belästigung gemäss Art. 198 StGB ist die Strafverfolgung davon abhängig, dass die Arbeitnehmerin einen **Strafantrag innert 3 Monaten** seit dem Vorfall stellt.

Für das Opfer eines Sexualdelikts bedeutsam kann die durch das Opferhilfegesetz gewährte Unterstützung sein. An erster Stelle steht dabei der Anspruch auf **kostenlose Soforthilfe und Beratung** durch die vom Kanton vorgesehenen Beratungsstellen. Neben einem **verbesserten Schutz im Strafverfahren** sieht das Gesetz schliesslich einen **Entschädigungsanspruch** für Opfer mit geringem Einkommen (derzeit unter ca. Fr. 50'000.– für kinderlose Alleinstehende) sowie die Möglichkeit einer Genugtuung für schwer betroffene Personen vor. Richtet der Kanton solche Leistungen aus, gehen die Entschädigungsansprüche des Opfers gegenüber dem Täter im entsprechenden Umfang auf den Kanton über.

4. Kapitel
Schwangerschaft und Mutterschaft

1. Anstellung und Probezeit

1.1 Pflicht zur Offenbarung?

Ob und gegebenenfalls unter welchen Voraussetzungen eine Stellenbewerberin ihren zukünftigen Arbeitgeber über eine bestehende Schwangerschaft informieren muss, war bis anhin umstritten. Zu entscheiden ist danach nämlich, ob ein Arbeitgeber, dem eine bestehende Schwangerschaft erst nach Abschluss des Vertrages mitgeteilt wird, den Vertrag anfechten bzw. fristlos auflösen kann. Allgemein besteht ein solches Anfechtungsrecht, wenn der Arbeitgeber sich über einen vertragswesentlichen Umstand im Irrtum befindet oder wenn er durch die Bewerberin absichtlich getäuscht wird (Art. 24 Abs. 1 Ziff. 4 und Art. 28 OR). Andererseits ist in diesem Zusammenhang klar, dass die Mitteilung einer Schwangerschaft bei der Bewerbung mit grösster Wahrscheinlichkeit zur Nichtanstellung führt.

Schon bisher wurde die Ansicht vertreten, dass eine Bewerberin grundsätzlich nicht verpflichtet ist, ungefragt eine Schwangerschaft zu offenbaren oder eine ihr diesbezüglich gestellte Frage wahrheitsgemäss zu beantworten, wenn ihre Schwangerschaft die Durchführung des Arbeitsverhältnisses nicht objektiv verunmöglicht. In diesem Fall wird der Bewerberin nach verbreiteter Ansicht ein sogenanntes «Notwehrrecht der Lüge» zugestanden, mit der Folge, dass der Arbeitgeber den Vertrag nicht anfechten kann, wenn er nachträglich von der Schwangerschaft erfährt. Mit dem Gleichstellungsgesetz wird diese Kontroverse auf die gleiche Weise entschieden, weil die Ablehnung einer Bewerberin wegen Schwangerschaft in der Regel als Diskriminierung eingestuft werden muss. Massgebend kann danach einzig sein, ob die Schwangerschaft die Arbeit objektiv (weitgehend) verunmöglicht, was insbesondere aus gesundheitlichen Gründen oder bei Berufen, in denen die äussere Erscheinung von zentraler Bedeutung ist, der Fall sein kann. Dies wird indessen nur ausnahmsweise zutreffen (z.B. Mannequin, Schauspielerin) und gilt nicht für alle Berufe, die mit körperlicher Anstrengung verbunden sind. So dürfte die Annahme überholt sein, dass die Schwangerschaft zum Beispiel einer Kellnerin die Arbeit von vornherein verunmögliche.[57]

Eine Anfechtung bzw. fristlose Auflösung des Arbeitsvertrages durch den Arbeitgeber, weil eine Arbeitnehmerin bei der Bewerbung ihre Schwangerschaft verschwiegen oder die an sie diesbezüglich gerichtete Frage nicht wahrheitsgemäss beantwortet hat, ist daher in aller Regel nicht gerechtfertigt. Darüberhinaus muss ebenfalls eine ordentliche Kündigung, die deswegen ausgesprochen wird, auch in der Probezeit als missbräuchlich betrachtet werden. Die betroffene Arbeitnehmerin könnte in diesem Fall Entschädigungsansprüche gemäss Art. 336 OR (bzw. nach Inkrafttreten des Gleichstellungsgesetzes nach dessen Art. 5) geltend machen.

1.2 Keine Probezeitverlängerung

Nach Art. 335 b OR verlängert sich die Probezeit automatisch in dem Umfang, in welchem der Arbeitnehmer bzw. die Arbeitnehmerin infolge Krankheit, Unfall oder Erfüllung einer nicht freiwillig übernommenen gesetzlichen Pflicht an der Arbeitsleistung verhindert ist und sich dadurch die Probezeit effektiv verkürzt. Da die Aufzählung der Verlängerungsgründe als abschliessend betrachtet wird[58], führt nur die Arbeitsunfähigkeit wegen Krankheit zu einer proportionalen Verlängerung, nicht aber der Ausfall der Arbeitszeit zufolge Schwangerschaft bzw. Niederkunft.

2. Kündigungsschutz

2.1 Sperrfrist

Ist die gesetzliche oder arbeitsvertraglich bestimmte **Probezeit abgelaufen**, so besteht von Gesetzes wegen bei Schwangerschaft und Niederkunft ein zeitlicher Kündigungsschutz. Art. 336c Abs. 1 OR bestimmt, dass der Arbeitgeber nach Ablauf der Probezeit das Arbeitsverhältnis **während der**

---

[57] Vgl. aber Urteil des Bundesgerichtes vom 19.1.1983, welches im konkreten Fall gegenteilig entschied, JAR 1984, S. 95.
[58] Streiff N 13 zu Art. 335b OR.

Schwangerschaft und in den 16 Wochen nach der Niederkunft einer Arbeitnehmerin nicht kündigen darf. Eine trotzdem ausgesprochene Kündigung ist nichtig. Ist dagegen die Kündigung vor Beginn dieser Frist erfolgt, aber die Kündigungsfrist bis dahin noch nicht abgelaufen, so wird deren Ablauf unterbrochen und erst nach Beendigung der Sperrfrist fortgesetzt (Art. 336c Abs. 2 OR). Der Kündigungsschutz kommt nur bei einem **unbefristeten** Arbeitsverhältnis zum Zug. Das befristete Arbeitsverhältnis läuft auch bei Mutterschaft ohne weiteres am festgelegten Zeitpunkt ab.

Im Falle einer Abtreibung oder einer Fehlgeburt endigt auch der Kündigungsschutz. Ob bei einer Totgeburt der Kündigungsschutz ebenfalls dahinfällt oder anschliessend die 16-wöchige Sperrfrist gilt, ist umstritten.[59] Vom Gesetzeswortlaut nicht mehr umfasst ist sodann die Ausdehnung des 16-wöchigen Kündigungsschutzes auf den Fall, dass ein Kleinkind adoptiert wird.

2.2 Nichtigkeit der Kündigung oder Stillstand der Kündigungsfrist

Eine Kündigung, die die Arbeitnehmerin innerhalb der genannten Sperrfrist erhält, ist wie erwähnt nichtig. Sie entfaltet überhaupt keine Wirkung. Der Arbeitgeber muss daher grundsätzlich nach Ablauf der Sperrfrist eine neue Kündigung aussprechen. Ob der Arbeitgeber im Zeitpunkt der Kündigung von der Schwangerschaft Kenntnis hat, spielt keine Rolle. Weiss er es nicht, so sollte die Arbeitnehmerin dies dem Arbeitgeber mitteilen, sobald sie selber davon Kenntnis hat. Dies gilt insbesondere dann, wenn sie erst nach einem Austritt davon erfährt. In diesem Fall muss sie dem Arbeitgeber auch ihre Arbeitsleistung unverzüglich anbieten, sofern sie ihren Lohnanspruch behalten will.

Wird die Arbeitnehmerin erst nach Erhalt der Kündigung während der Kündigungsfrist schwanger, so bleibt die Kündigung gültig. Jedoch steht die Kündigungsfrist ab dem Empfängniszeitpunkt still und läuft sie erst nach dem Ende der Sperrfrist weiter. Selbstverständlich steht die Kündi-

---

[59] Dafür sprechen soziale Überlegungen und vor allem der Umstand, dass ja entsprechend dem Wortlaut des Gesetzes eine Geburt erfolgt ist. Dagegen spricht, dass die 16-wöchige Sperrfrist vor allem den Schutz der Mutter-Kind-Beziehung in den ersten Lebensmonaten bezweckt; vgl. Streiff N 9 zu Art. 336c OR.

gungsfrist nur still, wenn der Arbeitgeber gekündigt, nicht aber, wenn die Arbeitnehmerin selbst gekündigt hat.

2.3 Schwangerschaftsbeginn

Das Gesetz lässt die Kündigung für den gesamten Zeitraum der Schwangerschaft und 16 Wochen nach der Niederkunft nicht zu. Der **Schwangerschaftsbeginn** kann dabei bestimmt werden, indem vom ärztlich prognostizierten Entbindungsdatum die Dauer einer normalen Schwangerschaft (280 Tage) zurückgerechnet wird. Eine tatsächliche Abweichung des Entbindungszeitpunkts hat keinen Einfluss.

2.4 Zusätzliche Sperrfristen

Das Gesetz sieht ausser bei Schwangerschaft und Mutterschaft weitere Sperrfristen vor, so insbesondere bei Arbeitsverhinderung wegen Krankheit und Unfall (Art. 336c OR). Diese Sperrfristen dauern im 1. Anstellungsjahr 30 Tage, ab 2.–5. Anstellungsjahr 90 Tage und ab 6. Jahr 180 Tage ab Beginn der Arbeitsunfähigkeit. Während dieser Zeit kann der Arbeitgeber ebenfalls nicht kündigen bzw. steht die Kündigungsfrist still. Wird also beispielsweise eine junge Mutter am Ende der 16-wöchigen Sperrfrist krank und bleibt sie darüberhinaus arbeitsunfähig, so gilt **zusätzlich** dieser Kündigungsschutz.

2.5 Zulässigkeit eines Aufhebungsvertrages

Der gesetzliche Kündigungsschutz ist zwingend. Das heisst, dass er grundsätzlich nicht vertraglich wegbedungen werden kann. Zulässig ist es jedoch, eine Vereinbarung über die Auflösung des Arbeitsverhältnisses abzuschliessen. Ein solcher **Aufhebungsvertrag** wäre nur dann für die Arbeitnehmerin nicht verbindlich, wenn er dem Arbeitgeber zur Umgehung der Kündigungsschutzbestimmungen dient bzw. wenn er einen einseitigen Verzicht auf den Kündigungsschutz ohne angemessene Gegenleistung des Arbeitgebers enthält.

2.6 Kein Schutz gegen gerechtfertigte fristlose Kündigung

Durch den Kündigungsschutz nicht beschränkt wird sodann das Recht des Arbeitgebers, das Arbeitsverhältnis fristlos zu kündigen, sofern die Voraussetzungen dafür gegeben sind. Ist die fristlose Kündigung hingegen nicht gerechtfertigt, so bleibt zwar das Arbeitsverhältnis rechtlich definitiv aufgelöst. Indessen entsprechen die Lohnersatzansprüche dem Betrag, den die Arbeitnehmerin unter Einhaltung der verlängerten Kündigungsfrist verdient hätte.

3. Gesundheitsschutz

3.1 Absenzen ohne Arztzeugnis

Schwangere dürfen in allen Betrieben nur mit ihrem Einverständnis und keinesfalls über die ordentliche Dauer der täglichen Arbeitszeit hinaus beschäftigt werden. Sie können auf blosse Anzeige hin der Arbeit fernbleiben und diese verlassen (Art. 35 ARG).[59a]

Sie benötigen dazu also kein Arztzeugnis. Nur wenn die Schwangerschaft als solche vom Arbeitgeber in Zweifel gezogen wird, muss ein ärztliches Attest beigebracht werden. Auch für den Lohnanspruch muss im Streitfall durch ein ärztliches Zeugnis nachgewiesen werden, dass eine Arbeitsunfähigkeit vorlag.[60]

3.2 Gesundheitsschädigende und beschwerliche Arbeiten

Schwangere und stillende Mütter dürfen sodann nicht zu Arbeiten herangezogen werden, die sich erfahrungsgemäss auf die Gesundheit, die Schwangerschaft oder auf das Stillen nachteilig auswirken (Art. 67 Abs. 1 Verordnung I zum ArG). Bestimmte chemische Stoffe (z.B. organische Quecksilberverbindungen, Blei, organische Lösungsmittel), ionisierende Strahlen (von Röntgenapparaten) oder Infektionserreger stellen eine Ge-

---

[59a] Dies gilt nur für Arbeitsverhältnisse, die hinsichtlich des betrieblichen und persönlichen Geltungsbereiches dem Arbeitsgesetz unterstehen.
[60] Das Recht gem. ArG, auf blosse Anzeige hin von der Arbeit fernzubleiben, besagt nichts über den Lohnanspruch, welcher grundsätzlich nur bei Arbeitsunfähigkeit gegeben ist; a.M. Streiff N 16 zu Art. 324a/b.

sundheitsgefahr für Mutter und Kind dar. Risikobelastet können dementsprechend vor allem Arbeitsplätze in Labors und Spitälern sein. Gegebenenfalls ist eine ärztliche Risikobeurteilung vorzunehmen oder kann die SUVA um eine Abklärung ersucht werden. Bildschirmarbeit ist hingegen grundsätzlich nicht gesundheitsgefährdend. Allerdings kann langdauernde durchgehende Bildschirmarbeit durch Haltungsprobleme Beschwerden auslösen, weshalb sich eine Abwechslung mit anderen Tätigkeiten empfiehlt.

Schwangere Frauen und stillende Mütter sind zudem auf ihr Verlangen hin von Arbeiten zu befreien, die für sie beschwerlich sind (Art. 67 Verordnung I zum ArG). Zweifellos betrifft dies die schon in Art. 66 der Verordnung I aufgeführten Arbeiten, wie Heben, Tragen und Fortbewegen schwerer Lasten sowie Arbeiten, die mit heftiger Erschütterung verbunden sind. Der Gesetzgeber hat indessen bewusst darauf verzichtet, die weiteren unzulässigen Arbeiten im einzelnen aufzuführen, damit die konkreten Umstände im Einzelfall berücksichtigt werden können. Es ist deshalb auf die individuellen Verhältnisse und Bedürfnisse der einzelnen Frauen abzustellen.

Beispiel:

Eine schwangere Frau verrichtet eine Arbeit, bei der sie sich häufig bücken muss. Das Bücken ist für sie sehr beschwerlich. Sie kann deshalb verlangen, dass der Arbeitgeber ihr eine andere, leichtere Arbeit zuweist.

Schliesslich sollen schwangere Frauen und stillende Mütter die Möglichkeit haben, sich unter geeigneten Bedingungen hinzulegen und sich auszuruhen (Art. 34 der Verordnung III zum ArG).

3.3 Arbeitsverbot nach der Niederkunft

Wöchnerinnen dürfen während 8 Wochen nach der Niederkunft nicht beschäftigt werden. Es ist zulässig, diesen Zeitraum bis auf 6 Wochen zu verkürzen, sofern der Wiedereintritt der Arbeitsfähigkeit durch ärztliches Zeugnis ausgewiesen ist und zudem die Wöchnerin ihr Einverständnis erklärt (Art. 35 Abs. 2 ArG). Der Kündigungsschutz gemäss Art. 336 Abs. 1c OR wird durch die Arbeitsaufnahme nicht beeinflusst. Auch wenn die Arbeitnehmerin bereits nach 6 Wochen die Arbeit wieder aufnimmt, ist eine Kündigung des Arbeitgebers frühestens 16 Wochen nach der Niederkunft möglich.

3.4 Erforderliche Zeit zum Stillen

Stillende Mütter dürfen auch nach Ablauf von 8 Wochen nach deren Niederkunft nur mit ihrem Einverständnis beschäftigt werden. Zum Stillen ist ihnen die erforderliche Zeit freizugeben (Art. 35 Abs. 3 ArG). Der stillenden Mutter steht demnach ein Wahlrecht zu, ob sie arbeiten will oder nicht. Macht sie von dem Recht Gebrauch, in der Stillperiode der Arbeit ganz fernzubleiben, so steht ihr allerdings kein Lohnanspruch zu.[61]

Entscheidet sich die Arbeitnehmerin jedoch, während der Stillperiode grundsätzlich zu arbeiten und den Arbeitsplatz nur für das Stillen zu verlassen, so ist ihr die erforderliche Zeit dafür freizugeben. In diesem Umfang ist die Lohnzahlungspflicht gegeben. Der Arbeitgeber ist nämlich verpflichtet, der Arbeitnehmerin die übliche Zeit zu gewähren, um dringende persönliche Angelegenheiten zu erledigen (Art. 329 Abs. 3 OR). Arbeitnehmerinnen, die im Monatslohn arbeiten, wird aufgrund solcher Absenzen der Lohn in aller Regel nicht gekürzt, weil das dem Wesen des Monatslohnes widersprechen würde.[61a]

4. Lohnzahlung bei Arbeitsausfall

4.1 Verhinderung der Arbeitnehmerin

a) Lohnfortzahlung je nach Dienstalter

Eine Mutterschaftsversicherung besteht in der Schweiz bis heute nicht. Diesbezügliche Gesetzgebungsbestrebungen sind seit langem im Gange.

Gesetzlich ist der Arbeitgeber jedoch verpflichtet, Arbeitnehmern und Arbeitnehmerinnen für eine beschränkte Zeit den Lohn zu bezahlen, wenn diese an der Arbeitsleistung unverschuldet aus Gründen, die in ihrer Person liegen, verhindert sind. Zu diesen Gründen gehören neben Krankheit, Unfall, Erfüllung einer gesetzlichen Pflicht, Ausübung eines öffentlichen

---

[61] Arbeitsger. Zürich vom 22. April 1994 in Entscheidung aus dem Jahre 1993 und 1994 Nr. 13.
[61a] Arbeitsger. Zürich a.a.O; a.M. Rehbinder, der sogar eine Verpflichtung der Arbeitnehmerin annimmt, diese Absenzen auf Verlangen des Arbeitgebers nachzuholen: Arbeitsgesetz N 3 zu Art. 35 ArG.

Amtes auch die **Arbeitsunfähigkeit infolge Schwangerschaft und Niederkunft.** (Art. 324a OR).

Die Lohnfortzahlungspflicht besteht erst dann, wenn das Arbeitsverhältnis **länger als drei Monate** gedauert hat oder für mehr als drei Monate eingegangen wurde.[62]

Die Dauer der Lohnfortzahlungspflicht ist **abhängig von der Dauer des Arbeitsverhältnisses** und verlängert sich mit der Anzahl der Anstellungsjahre. Sofern vertraglich nicht längere Zeitabschnitte vereinbart worden sind, hat der Arbeitgeber im 1. Dienstjahr den Lohn für 3 Wochen zu entrichten. Nach dem 2. Dienstjahr hat er den Lohn für eine angemessene längere Zeit zu bezahlen. Dabei können zudem besondere Umstände berücksichtigt werden (was allerdings in der Praxis kaum der Fall ist). Die «angemessene längere Zeit» ist durch die Gerichtspraxis konkretisiert worden. Es existieren drei Skalen, die je nach Region zur Anwendung gelangen:

Dienstjahre	Lohnfortzahlung in Wochen		
	Basel	Bern	Zürich
1	3	3	3
2	9	4	8
3	9	9	9
4	13	9	10
5	13	13	11
6	13	13	12
7	13	13	13
8	13	13	14
9	13	13	15
10	13	17	16
11	17	17	17
15	17	22	21
20	22	26	26
21	26	26	27
25	26	30	31

Die Dauer der Lohnfortzahlung ist ein **Maximalanspruch pro Dienstjahr**, wobei es keine Rolle spielt, ob die Verhinderung auf mehrere verschiedene

---

[62] Wurde also von vornherein ein Arbeitsvertrag abgeschlossen, der länger als drei Monate dauern soll, so besteht die Lohnfortzahlung bereits von Anfang an.

Gründe zurückzuführen ist. Ist die Arbeitnehmerin z.B. im 1. Dienstjahr zunächst drei Wochen krank und später wegen Schwangerschaft an der Arbeit verhindert, so hat sie für die Zeit der schwangerschaftsbedingten Arbeitsverhinderung keinen Lohnanspruch mehr. Sobald aber die Arbeitsverhinderung in das folgende Dienstjahr hineinreicht, beginnt ein neuer Lohnfortzahlungsanspruch. Es ist deshalb möglich, dass die Lohnfortzahlung unterbrochen wird und ab dem folgenden Dienstjahr erneut zu laufen beginnt.[63]

Auf Grund dieser gesetzlichen Regelung hat eine Arbeitnehmerin nach ihrer Niederkunft oftmals nicht für den gesamten Zeitraum von 8 Wochen, während denen Sie nicht arbeiten darf (Art. 35 ArG), einen Lohnanspruch.

Schliesslich ist auch zu beachten, dass Kündigungsschutz und Lohnfortzahlungspflicht separat geregelt sind und dazwischen keine Übereinstimmung besteht: Es kann also durchaus vorkommen, dass ein Arbeitsverhältnis vom Arbeitgeber nicht gekündigt werden darf und während längerer Zeit andauert, der Lohnanspruch der Arbeitnehmerin aber bereits früher endet.

b) Taggeldversicherung

Es ist möglich, anstelle der minimalen gesetzlichen Lohnfortzahlungspflicht mittels schriftlichem Vertrag (oder Gesamtarbeitsvertrag) eine andere Regelung zu treffen. Voraussetzung für die Gültigkeit einer solchen Regelung ist, dass die Leistungen gleichwertig mit den gesetzlichen Leistungen sind. Als gleichwertig wird die übliche Versicherungsregelung erachtet, wonach bei hälftiger Prämienbeteiligung von Arbeitgeber und Arbeitnehmer 80% des Lohnes während maximal 720 Tagen innert 900 Tagen bezahlt werden.[64]

---

[63] Ist die Arbeitnehmerin nur zum Teil arbeitsunfähig, so verlängert sich die Lohnfortzahlungsdauer entsprechend. Ist sie also z.B. nur zu 50% krankgeschrieben, so hat sie bei einem Anspruch von 3 Wochen im 1. Dienstjahr den Krankenlohn effektiv während 6 Wochen zugute; Streiff N 25 zu Art. 324a OR, Vischer S. 132.

[64] Die Gleichwertigkeit kann anhand eines Prämienvergleichs überprüft werden: Wenn die Prämien, die der Arbeitgeber für die Taggeldversicherung bezahlt, mindestens so hoch sind, wie die Prämien, die er der Versicherung bezahlen müsste, damit diese der Arbeitnehmerin die gesetzlichen Minimalleistungen bezahlt, ist die Regelung gleichwertig.

Mangels Gleichwertigkeit muss der Arbeitgeber die Differenz zu den gesetzlichen Minimalleistungen ausgleichen.

Häufig schliesst der Arbeitgeber bei einer Krankenkasse oder bei einem Privatversicherer eine Taggeldversicherung ab. Gemäss dem ab 1. Januar 1996 geltenden Krankenversicherungsgesetz haben die Versicherer bei Schwangerschaft und Niederkunft das versicherte Taggeld auszurichten, wenn die versicherte Arbeitnehmerin bis zum Tag ihrer Niederkunft während mindestens 270 Tagen und ohne Unterbrechung von mehr als drei Monaten versichert war. Das Taggeld ist während 16 Wochen zu leisten, wovon mindestens 8 Wochen nach der Niederkunft liegen müssen (Art. 74 KVG). Der Taggeldanspruch entsteht, wenn die versicherte Arbeitnehmerin mindestens zur Hälfte arbeitsunfähig ist. Nach bisherigem Recht konnte der Arbeitgeber bei Privatversicherern auch nur Taggeldleistungen für krankheitsbedingte Arbeitsunfähigkeit versichern. Hat der Arbeitgeber für Taggeldleistungen bei Mutterschaft keine Zusatzvereinbarung abgeschlossen, so bleibt in diesem Fall die gesetzliche Lohnfortzahlungspflicht (Art. 324a OR) bestehen. Der Arbeitgeber hat alsdann für die gemäss anwendbarer Skala bestimmte Zeit den vollen Lohn zu entrichten. Frühere Krankheitsperioden im gleichen Dienstjahr darf er nicht abziehen, da ja diesbezüglich nicht er, sondern die Taggeldversicherung Leistungen zu erbringen hatte.[65] Aufgrund der unterschiedlichen Regelungen ist der Versicherungsschutz im Einzelfall zu überprüfen.

c) **Wenn ein krankes Kind betreut werden muss**

Als Verhinderungsgrund für die Arbeitsleistung kommt sodann die notwendige **Betreuung eines kranken Kindes** in Betracht. Dabei handelt es sich letztlich um eine gesetzliche Verpflichtung, so dass diese bei den Eltern und speziell bei alleinerziehenden Müttern mit deren arbeitsvertraglichen Verpflichtung kollidieren kann. Gestützt auf Art. 324a OR ist daher die Lohnzahlungspflicht gegeben, sofern die Pflege ausserhalb der Arbeitszeit nicht genügt. Eine intensivere Betreuung kann vor allem bei schwereren Erkrankungen eines Kleinkindes unumgänglich sein. Allerdings kann die Betreuung grundsätzlich auch durch Drittpersonen gewährleistet werden, weshalb die Gerichtspraxis die Lohnzahlungspflicht nur bejaht, wenn keine

---

[65] Gemäss Art. 102 KVG muss bis Ende 1996 auf Verlangen des Versicherungsnehmers oder der Versicherungsnehmerin der bestehende Versicherungsvertrag dem neuen Recht angepasst werden.

andere Pflegemöglichkeit verfügbar ist. Die Mutter hat sich deshalb auch in zumutbarer Weise darum zu bemühen, eine anderweitige Betreuung zu organisieren, wenn die Krankheit mehrere Tage andauert.[66]

4.2 Verhinderungsgründe im Verantwortungsbereich des Arbeitgebers

Der Arbeitgeber hat den Lohn auch zu entrichten, sofern ihn an der Arbeitsverhinderung ein Verschulden trifft sowie dann, wenn die Arbeitsverhinderung seinem Betriebsrisiko zuzurechnen ist (Annahmeverzug; Art. 324 OR).

a) Wenn die Arbeit zu schwer ist

Annahmeverzug liegt deshalb vor, wenn der Arbeitgeber die nötigen Vorbereitungs- und Mitwirkungshandlungen unterlässt oder die erforderlichen Schutzmassnahmen nicht trifft. Schwangere Frauen und stillende Mütter dürfen insbesondere auch nicht zu Arbeiten herangezogen werden, die sich erfahrungsgemäss auf die Gesundheit, die Schwangerschaft oder das Stillen nachteilig auswirken. Sie dürfen zudem verlangen, dass sie von beschwerlichen Arbeiten befreit werden (Art. 67 Verordnung I zum ARG). Weist der Arbeitgeber der arbeitsfähigen Arbeitnehmerin keine entsprechende Arbeit zu, so behält sie ihren Lohnanspruch trotzdem.[67]

Annahmeverzug läge selbstverständlich auch dann vor, wenn ein Arbeitgeber eine schwangere arbeitsfähige Verkäuferin mit der Begründung nach Hause schicken würde, ihr Anblick könnte sich auf den Absatz nachteilig auswirken.

b) Bei Freistellung

Stellt der Arbeitgeber die Arbeitnehmerin frei, so liegt ein freiwilliger (vertraglicher) Verzicht auf die Arbeitsleistung vor. Die Lohnfortzahlungspflicht bleibt bestehen. In diesem Falle muss die Arbeitnehmerin ihre Arbeitsleistung auch nicht mehr ausdrücklich anbieten.

---

[66] JAR 1994 S. 147.
[67] A.M. Rehbinder, der einen Lohnanspruch nur gemäss Art. 324a OR annimmt; Rehbinder ArG 4. Aufl. Art. 35 N 1.

c) Wenn der Betrieb geschlossen wird

Beschliesst der Arbeitgeber, den Betrieb einzustellen, gehört diese Entscheidung ebenfalls in seinen Verantwortungsbereich, die ihn nicht von der Einhaltung der Lohnzahlungspflicht bis zum Ablauf der ordentlichen Kündigungsfrist entbindet. Die Arbeitnehmerin hat sich lediglich anrechnen zu lassen, was sie wegen der Verhinderung an der Arbeitsleistung durch anderweitige Arbeit erworben oder zu erwerben absichtlich unterlassen hat. Das Gleiche gilt grundsätzlich auch dann, wenn der Arbeitgeber in Konkurs fällt und die Konkursverwaltung die Arbeitsverhältnisse nicht fortführt.

5. Ferienkürzung

Ist die Arbeitnehmerin während längerer Zeit an der Arbeitsleistung verhindert, so gewährt das Gesetz dem Arbeitgeber die Möglichkeit, die Ferien in einem bestimmten Ausmass zu kürzen. Bei unverschuldeter Verhinderung wegen Krankheit, Unfall, Erfüllung gesetzlicher Pflichten oder Ausübung eines öffentlichen Amtes dürfen die Ferien erst ab zweitem vollen Monat gekürzt werden. Ist die Arbeitnehmerin wegen Schwangerschaft und Niederkunft an der Arbeitsleistung verhindert, so dürfen die Ferien sogar erst **ab drittem vollen Monat** gekürzt werden. Die zulässige Kürzung beträgt für jeden vollen Monat der Arbeitsverhinderung **einen Zwölftel** des vertraglichen Ferienanspruches (Art. 329b OR).

6. Hausgemeinschaft mit dem Arbeitgeber

Speziell vom Gesetz geregelt wird der Fall, dass der Arbeitnehmer oder die Arbeitnehmerin in Hausgemeinschaft mit dem Arbeitgeber lebt (Art. 328a OR). Das ist insbesondere bei Hausangestellten, Lehrlingen oder Arbeitnehmerinnen von Hoteliers oder privaten und öffentlichen Anstalten der Fall. Unter dieser Voraussetzung hat der Arbeitgeber nicht nur die Pflicht zur Lohnfortzahlung, sondern bei Arbeitsverhinderung zufolge Krankheit, Unfall sowie Schwangerschaft und Niederkunft einer Arbeitnehmerin die Pflicht zur **Gewährung von Pflege und ärztlicher Behandlung**. Anders als die Lohnzahlungspflicht beginnt diese Verpflichtung bereits mit Stellenantritt und nicht erst nach dreimonatiger Arbeitsdauer. Die Dauer der Leistungspflicht entspricht derjenigen der Lohnzahlungspflicht. In solchen Fällen hat der Arbeitgeber somit auch für die Entbindungskosten aufzukommen. Auch die Kosten von Fehlgeburten und indizierten Schwangerschaftsabbrüchen sind vom Arbeitgeber zu tragen.

5. Kapitel
Die besonderen Schutzvorschriften des Arbeitsgesetzes

1. Allgemeines

Die zwingenden Schutzvorschriften des Arbeitgesetzes für Arbeitnehmerinnen beruhen auf den Überlegungen, dass Frauen die schwächere Konstitution haben, eine geringere Vertrautheit mit der Technik aufweisen sowie häufig einer Doppelbelastung (Beruf/Haushalt) ausgesetzt sind und zudem bei Schwangerschaft eines besonderen Schutzes bedürfen. Viele Schutzklauseln sind stark umstritten und bei der sich bereits im Gang befindenden Revision des Arbeitsgesetzes sind etliche Änderungen zu erwarten.

In Art. 33 des Arbeitsgesetzes postuliert der Gesetzgeber allgemein, dass der Arbeitgeber auf die Gesundheit der Arbeitnehmerinnen gebührend Rücksicht zu nehmen hat. Die **besonderen** Schutzvorschriften des Arbeitsgesetzes[68] umfassen im wesentlichen:

– verbotene Arbeiten für alle Arbeitnehmerinnen
– vorgeschriebene Arbeits- und Ruhezeiten
– die Grenzen der Tagesarbeit
– den Schutz der Frauen, die einen Haushalt führen
– den Schutz der Schwangeren und Mütter.

Die Schutzvorschriften des Arbeitsgesetzes für Arbeitnehmerinnen gehen den allgemeinen Vorschriften des Arbeitsgesetzes[69] vor. Diese Bestimmungen sind relativ zwingend, d.h. die Arbeitnehmerin darf durch Einzel-, Gesamtarbeits- oder Normalarbeitsvertrag besser, nicht aber schlechter gestellt werden.

---

[68] Art. 34–36 ArG und Art. 66–72 der Verordnung I zum ArG.
[69] Siehe Art. 9–25 Arbeitsgesetz.

2. Persönlicher und betrieblicher Geltungsbereich

Das Gesetz ist grundsätzlich auf alle öffentlichen und privaten Betriebe der Industrie, des Handwerks, des Handels, des Bank-, Versicherungs-, Transport- und Gastgewerbes, der Krankenpflege und anderen Dienstleistungen anwendbar (Art. 1 ArG)[70].

Die Ausnahmen vom betrieblichen Geltungsbereich[71]:

Das Arbeitsgesetz ist unter anderem nicht anwendbar

– auf Verwaltungen des Bundes, der Kantone und Gemeinden
– auf Betriebe, die der Bundesgesetzgebung über die Arbeit in Unternehmen des öffentlichen Verkehrs unterstehen
– auf Betriebe der landwirtschaftlichen Urproduktion
– auf Familienbetriebe, in denen lediglich nahe Familienangehörige beschäftigt sind
– auf private Haushaltungen.

Die Ausnahmen von persönlichen Geltungsbereich[72]:

Das Gesetz ist unter anderem nicht anwendbar

– auf Personen, die eine höhere leitende Tätigkeit[73] oder eine wissenschaftliche oder selbständige künstlerische Tätigkeit ausüben
– auf Handelsreisende
– auf Personen geistlichen Standes und anderen Personen, die im Dienste von Kirchen stehen
– auf das in der Schweiz wohnhafte Personal öffentlicher Verwaltungen ausländischer Staaten und internationaler Organisationen
– auf Assistenzärztinnen, Lehrerinnen an Privatschulen sowie Lehrerinnen, Fürsorgerinnen, Erzieherinnen in Anstalten.

---

[70] Ein Betrieb im Sinne des Arbeitsgesetzes liegt vor, wenn ein Arbeitgeber dauernd oder vorübergehend einen oder mehrere Arbeitnehmer beschäftigt, unabhängig davon, ob bestimmte Einrichtungen oder Anlagen vorhanden sind.
[71] Detaillierte Regelung Art. 2 und 4 ArG.
[72] Siehe detaillierte Regelung Art. 3 ArG.
[73] Eine höhere leitende Tätigkeit im Sinne des Arbeitsgesetzes übt aus, wer in einem Betrieb oder Betriebsteil über Enscheidungsbefugnisse in wesentlichen Angelegenheiten verfügt und entsprechende Verantwortung trägt.

3. Die verbotenen Arbeiten

Für Arbeitnehmerinnen sind bestimmte Arbeitstätigkeiten gemäss Art. 66 der Verordnung I zum Arbeitsgesetz verboten. Für jugendliche Arbeitnehmerinnen gelten zusätzliche Einschränkungen. Die Aufzählung der im Gesetz verbotenen Arbeiten ist als abschliessend zu betrachten. Insbesondere verbietet der Gesetzgeber folgende Arbeiten:

a) **Für alle Arbeitnehmerinnen**

- Arbeiten mit Maschinen und Geräten, wenn damit erfahrungsgmäss eine erhebliche Unfallgefahr verbunden ist
- Arbeiten, die die körperliche Leistungsfähigkeit der Arbeitnehmerinnen übermässig beanspruchen (u.a. Arbeiten bei grosser Hitze oder Kälte, Fortbewegen schwerer Lasten)
- Arbeiten, die mit heftigen Erschütterungen verbunden sind
- Bedienung und Unterhalt von Dampf- und Heisswasserkesseln
- Bedienung und Unterhalt von Druckbehältern mit gesundheitsschädlichen, brand- oder explosionsgefährlichem Inhalt
- Untertagearbeit im Stollenbau und in Bergwerken[74].

b) **Für Frauen unter 40 Jahren**

Ein zusätzliches Beschäftigungsverbot gilt für Frauen **unter 40 Jahren** gemäss der Verordnung über den **Strahlenschutz** für Arbeiten, bei denen man gefährlichen Strahlen ausgesetzt ist.

c) **Für Jugendliche**
unter 20 Jahren zusätzlich

- Arbeiten, bei denen die Jugendlichen körperlich und geistig überfordert werden
- Arbeiten, bei denen eine erhebliche Brand-, Explosions-, Erkrankungs- und Vergiftungsgefahr besteht.

---

[74] Detaillierte Aufstellung in Art. 66 Verordnung I zum ArG.

unter 16 Jahren zusätzlich

- Arbeiten mit Schweissgeräten und Schneidbrennern
- Sortieren von Altmaterial und ungereinigter, nicht desinfizierter Wäsche, Haaren usw.[75, 76]

d) Ebenso existiert ein Beschäftigungsverbot für **schwangere und stillende Mütter** bezüglich Arbeiten, die sich erfahrungsgemäss auf die Schwangerschaft oder auf das Stillen nachteilig auswirken (vgl. dazu 4. Kap. 3.2).

4. Die Arbeits- und Ruhezeit

Die **Tagesarbeit** für Arbeitnehmerinnen muss mit Einschluss der Arbeitsunterbrechungen innert eines Zeitraumes von 12 Stunden liegen (Art. 34 ArG). Die **Grenzen** der Tagesarbeit dürfen am Morgen nur von 06.00 Uhr auf 05.00 Uhr und am Abend von 20.00 bis 22.00 Uhr verschoben werden. Die gesetzliche **wöchentliche Höchstarbeitszeit** entspricht derjenigen der Männer.[77] In schichtähnlichen Betrieben[78] kann die **Mindestruhezeit** im Einverständnis mit der Arbeitnehmerin auf 11 Stunden reduziert werden, wenn nur 5 Tage in der Woche gearbeitet wird.[79]

Für **jugendliche** Arbeitnehmerinnen gelten noch strengere Schutzvorschriften. Das Arbeitsgesetz statuiert für sie insbesondere folgende Einschränkungen (Art. 31 ArG):

- Die tägliche Arbeitszeit für Jugendliche darf diejenigen der anderen im Betrieb beschäftigten Mitarbeiter nicht überschreiten. Falls keine anderen Arbeitnehmer im Betrieb vorhanden sind, darf die ortsübliche Arbeitszeit nicht überschritten werden.

---

[75] Detaillierte Regelung in Art. 55 der Verordnung I zum ArG.
[76] Für Jugendliche zwischen 13 und 15 Jahren besteht nur eine stark eingeschränkte Beschäftigungsmöglichkeit; vgl. det. Regelung in Art. 59–61 der Verordnung I zum ArG.
[77] Art. 9 ArG.
[78] Schichtähnlich ist ein Betrieb dann, wenn Beginn und Ende der Arbeitszeit gruppenweise verschieden sind, wobei sich die Arbeitszeiten überschneiden können.
[79] Art. 34 ArG.

- Die Arbeitszeit darf auf jeden Fall nicht mehr als 9 Stunden pro Tag betragen.
- Die Grenzen der Tagesarbeit dürfen für Jugendliche im Alter von mehr als 16 Jahren nur von 20.00 bis 22.00 Uhr verschoben werden.

5. Verbot der Sonntags- und Nachtarbeit

Grundsätzlich besteht ein generelles Verbot, Arbeitnehmerinnen während der Nacht und sonntags zu beschäftigen (Art. 34 Abs. 3 ArG). Will der Arbeitgeber Nacht- oder Sonntagsarbeit für Arbeitnehmerinnen anordnen, so hat er stets eine entsprechende behördliche Bewilligung gemäss Art. 17 oder 19 des Arbeitsgesetzes einzuholen[80]. Sonderregelungen, die dieses generelle Verbot relativieren, sind allerdings für zahlreiche Betriebe in der Verordnung II geregelt.[81]

Soweit die Voraussetzungen von Art. 17 und 19 des Arbeitsgesetzes gegeben sind, ist für Arbeitnehmerinnen **zusätzlich** zu prüfen, ob auch die besonderen Voraussetzungen von Art. 70 und 71 der Verordnung I zum Arbeitsgesetz Sonntags- und Nachtarbeit zulassen. Eine Bewilligung ist danach möglich, wenn die Nacht- oder Sonntagsarbeit.

---

[80] Nacht- und Sonntagsarbeit kann von der kantonalen Behörde bewilligt werden, wenn ein dringendes Bedürfnis des Betriebes nachgewiesen wird. Der Arbeitgeber darf die Arbeitnehmer nur mit ihrem Einverständnis zu vorübergehender Nacht- und Sonntagsarbeit heranziehen. Er hat bei vorübergehender Nachtarbeit einen Lohnzuschlag von mindestens 25% und bei vorübergehender Sonntagsarbeit einen solchen von wenigstens 50% zu bezahlen.

[81] Verordnung II: für Krankenanstalten, Art. 1, 3, 5, 6; für Heime und Internate Art. 7, 9, 11, 12; für Arzt- und Zahnarztpraxen Art. 13, 16, 18; für Apotheken Art. 19, 21, 22; für Gastbetriebe Art. 23, 28, 30, 34, 35, 37; für Bierbrauereien und Mineralwasserfabriken Art. 39, 40; Betriebe in Fremdenverkehrsgebieten und Grenzorten Art. 41, 43 44; Betriebe des Autogewerbes Art. 45.1b, 47–49; für Bodenpersonal der Luftfahrt Art. 56, 57, 59, 60; für Betriebe, die den Bedürfnissen der Reisenden dienen Art. 65–68; für Bäckereien, Konditoreien und Confiserien Art. 70, 72; für Molkereien, Buttereien und Milchhandelsbetriebe Art. 75, 77, 78, 81; Früchte- und Gemüsehandel Art. 86, 89, 90; für Blumenhandel Art. 91, 92; für Konservenfabriken Art. 93, 96; für Mostereien, Weinhandel und Kellereien Art. 98, 100, 101, 103, 107; Gartenbaubetriebe Art. 109, 111; für Forstbetriebe Art. 112, 114, 115; für Elektrizitäts-, Gas- und Wasserwerke Art. 116, 119; Hoch- und Tiefbaubetriebe Art. 120, 122; für Zeitungs- und Zeitschriftenredaktionen Art. 126–129; für Radio- und Fernsehbetriebe Art. 130, 131, 133, 134; für Berufstheater Art. 135–137, 140–144, 146, 147; für Filmtheater Art. 148–150, 152; für Zirkusbetriebe Art. 153–155, 157, 158; für Bewachungsbetriebe Art. 164, 171, 175, 176; für Eisbahnen und Schwimmbäder Art. 178, 180, 181.

- für die Berufsbildung unentbehrlich ist
- nötig ist, um einem sonst unvermeidlichen Verderb von Gütern vorzubeugen
- oder wenn die Mithilfe von Arbeitnehmerinnen zur Behebung einer Betriebsstörung infolge höherer Gewalt notwendig ist.

6. Schutz bei Doppelbelastung

Arbeitstätige Frauen, die zugleich einen Haushalt mit Familienangehörigen zu betreuen haben, sind einer doppelten Belastung ausgesetzt. Das Arbeitsgesetz schreibt deshalb vor, dass der Arbeitgeber bei der Festlegung der Arbeits- und Ruhezeit auf diese Arbeitnehmerinnen grundsätzlich Rücksicht zu nehmen hat (Art. 36 ArG). Zusätzlich hat das Arbeitsgesetz zwei Schutzvorschriften aufgestellt. Danach gilt für diese Arbeitnehmerinnen

- dass ihnen auf ihr Verlangen eine Mittagspause von wenigstens $1^1/_2$ Stunden zu gewähren ist
- dass sie nur mit ihrem Einverständnis zur Überzeit und in industriellen Betrieben nicht zu Hilfsarbeiten herangezogen werden dürfen.[82]

Voraussetzung ist nicht, dass die Arbeitnehmerin verheiratet ist. Auch jugendliche und ledige Arbeitnehmerinnen können unter diese Vorschrift fallen.[83]

---

[82] Als Hilfsarbeiten gelten insbesondere folgende Verrichtungen, sofern sie die ordentliche Dauer der täglichen Arbeit überschreiten oder an Sonntagen oder an anderen arbeitsfreien Tagen ausgeführt werden müssen:
- die täglichen Verrichtungen, welche die eigentliche Arbeit vorbereiten oder beendigen.
- das tägliche Reinigen der Arbeitsräume und das Wegschaffen von Abfällen.
- die periodischen Hauptreinigungs- und Hauptinstandhaltungsarbeiten in den Arbeitsräumen und andere periodisch wiederkehrende Verrichtungen.
- die unaufschiebbare Instandstellung von Arbeitsmaschinen, Apparaten, Transporteinrichtungen und Fahrzeugen.

[83] Ausgenommen sind einzig Arbeitnehmerinnen, die in einem Berufstheater tätig sind; Art. 135 und 142 der Verordnung II ArG.

6. Kapitel

Die Freizügigkeitsleistung in der beruflichen Vorsorge

Da die berufliche Altersvorsorge eng mit dem Arbeitsverhältnis verbunden ist, werden nachstehend zwei wichtige Aspekte bezüglich der Freizügigkeitsleistung behandelt.

1. Freizügigkeitsleistung und Ehescheidung

Das neue Freizügigkeitsgesetz ist am 1. Januar 1995 in Kraft getreten. Gestützt auf diesen Gesetzeserlass kann das Gericht bei Ehescheidung bestimmen, dass ein Teil der Austrittsleistung, die ein Ehegatte während der Dauer der Ehe erworben hat, an die Vorsorgeeinrichtung des anderen Ehegatten übertragen wird (Art. 22 FZG). Durch diese neue Regelung des Freizügigkeitsgesetzes soll mindestens zum Teil die einem Ehegatten durch Scheidung entstehende Vorsorgelücke geschlossen werden können. Aufgrund der herkömmlichen Rollenverteilung betrifft dies meistens die Ehefrau. Das Freizügigkeitsgesetz hat aber keine neuen Ansprüche geschaffen. Anspruchsberechtigt ist nur derjenige Ehegatte, dem scheidungsrechtliche Ansprüche zustehen, entweder gestützt auf Art. 151 ZGB (Unterhaltsersatz oder Ersatz für Beeinträchtigung von Anwartschaften auf eine Witwenrente der zweiten Säule) oder gestützt auf Art. 152 ZGB (Bedürftigkeitsrente). Güterrechtliche Ansprüche stellen keinen Rechtsgrund einer Teilübertragung der Freizügigkeitsleistung dar. Die Übertragung eines Teils der Freizügigkeitsleistung von einer Pensionskasse auf die andere ist somit eine reine Zahlungsmodalität. Ordnet der Richter eine solche an oder wird sie mittels Scheidungskonvention festgelegt, so sind diese Ansprüche definitiv abgegolten. Eine Rückerstattung wegen veränderter wirtschaftlicher Verhältnisse der geschiedenen Ehegatten ist ausgeschlossen.

Die während der Ehe erworbene Austrittsleistung ist die Differenz zwischen der Austrittsleistung, die dem zu verpflichtende Ehegatten im Zeitpunkt der Scheidung zusteht, abzüglich derjenigen, die ihm im Zeitpunkt der Eheschliessung zugestanden hat.

Beispiel:

Herr Meier hat im Zeitpunkt der Heirat eine hypothetische Freizügigkeitsleistung von Fr. 50'000.– zugut. Im Zeitpunkt der Scheidung beträgt die hypothetische Freizügigkeitsleistung von Herrn Meier Fr. 100'000.–. Die während der Ehe erworbene Austrittsleistung entspricht somit Fr. 50'000.–.

Können sich die Parteien über die Höhe der während der Ehe erworbenen Austrittsleistung (Freizügigkeitsleistung) nicht einigen, so haben beide Ehegatten das Recht, den Betrag der während der Ehe erworbenen Austrittsleistung in einem versicherungsrechtlichen Verfahren (nicht im Scheidungsverfahren) feststellen zu lassen (Art. 73 BVG).

Das Gericht teilt der Vorsorgeeinrichtung den zu übertragenden Betrag mit den nötigen Angaben über die Erhaltung des Vorsorgeschutzes von Amtes wegen mit. Die Vorsorgeeinrichtung hat dem zur Zahlung eines Teils der Freizügigkeitsleistung verpflichteten Ehegatten die Möglichkeit zu gewähren, sich im Rahmen der übertragenen Austrittsleistung wieder einzukaufen.

Die so übertragene Austrittsleistung bleibt gebunden, d.h. der berechtigte Ehegatte kann sich diese Summe nicht bar auszahlen lassen, ausser es liegt ein Barauszahlungsfall gestützt auf Art. 5 des Freizügigkeitsgesetzes vor.

Das Bundesamt für Sozialversicherungen vertritt die Auffassung, dass auf Scheidungsverfahren, die noch in erster Instanz am 1.1.1995 rechtshängig sind, das alte Recht anzuwenden sei, um nicht sämtliche Prozesshandlungen, die bereits nach dem alten Gesetz abgewickelt wurden (z.B. Scheidungskonvention) neu einleiten zu müssen. Wird jedoch gegen das erstinstanzliche Urteil Berufung eingelegt und die nächsthöhere Instanz angerufen, kann man das ganze Verfahren neu aufnehmen und das neue Gesetz anwenden.

2. Die Barauszahlung der Freizügigkeitsleistung

Gemäss Art. 5 des Freizügigkeitsgesetzes kann die Barauszahlung der Freizügigkeitsleistung bei Austritt aus einer Vorsorgeeinrichtung verlangt werden, wenn

- der/die Versicherte die Schweiz endgültig verlässt
- der/die Versicherte eine selbständige Erwerbstätigkeit aufnimmt und der obligatorischen beruflichen Vorsorge nicht mehr untersteht
- die Austrittsleistung weniger als ein Jahresbeitrag der Versicherten beträgt.

Verheiratete Anspruchsberechtigte können indessen nur dann eine Barauszahlung verlangen, wenn der Ehegatte **schriftlich** zustimmt. Kann die Zustimmung nicht eingeholt werden oder wird sie ohne triftigen Grund verweigert, so kann das Gericht angerufen werden.

Anhang

Beispiel eines Katalogs für die Arbeitsbewertung

Kenntnisse, Fähigkeiten, Eigenschaften	Beanspruchungen, Belastungen
Merkmalgruppe	**Merkmalgruppe**
Merkmal • Untermerkmal	Merkmal • Untermerkmal
Grundanforderungen	**Beanspruchungen, Belastungen**
Ausbildungskenntnisse • Schulkenntnisse • Berufs- und Fachkenntnisse Zusatzkenntnisse • allgemeine Erfahrung • Spezialkenntnisse • Sprachkenntnisse	
Geistige Anforderungen	
Geistige Fähigkeiten • logisches Denken • schöpferisches Denken • geistige Regsamkeit • Ausdrucksfähigkeit • schriftlicher Ausdruck • mündlicher Ausdruck • Ausdruck in anderer Form	Geistige Beanspruchung
Charakterliche Anforderungen	
Verantwortung • für Arbeitsausführung • für Entscheide • für Arbeitsablauf • für Arbeit anderer • für Sach- und Geldwerte • für Sicherheit und Drittpersonen • für Weiterbildung Selbständigkeit • Initiative • Entschlusskraft • Beharrlichkeit	Seelische Beanspruchung • aus Übernahme von Verantwortung • durch Selbständigkeit

Kenntnisse, Fähigkeiten, Eigenschaften	Beanspruchungen, Belastungen
• Durchsetzungsvermögen • direkt • indirekt Takt • Einfühlungsvermögen • Selbstbeherrschung, Geduld • Umgangsformen	• durch Umgang mit Personen (Durchsetzungsvermögen, Takt)
Körperliche Anforderung	
Arbeitsvermögen • Art der Arbeit • Arbeitsstellung Geschicklichkeit • Fingerfertigkeit • Körpergewandtheit	Körperliche Beanspruchung Beanspruchung der Sinnesorgane
	Arbeitsbedingungen
	Umgebungseinflüsse • Umgebungsklima • Verschmutzung • Blendung • Lärm, Erschütterung usw. • Unfallgefahr • Gesundheitsgefährdung Arbeitszeitabweichung • Ausmass • Häufigkeit • Unregelmässigkeit

Aus: Kappel Heinz: Organisieren – Führen – Entlöhnen mit modernen Instrumenten, Handbuch der Funktionsbewertung und Mitarbeiterbeurteilung. Zürich: Verlag Industrielle Organisation 1990.

Reglement zum Schutz der sexuellen Integrität am Arbeitsplatz

1. Diskriminierung durch sexuelle Belästigung

Die Z.AG schützt die Persönlichkeit ihrer Mitarbeiterinnen und Mitarbeiter. Alle Mitarbeiterinnen und Mitarbeiter haben den Anspruch auf Schutz ihrer persönlichen Integrität am Arbeitsplatz.

Sexuelle Belästigung ist diskriminierend. Sie verletzt die Persönlichkeit und Würde von Menschen und wird von Z.AG nicht geduldet. Als sexuelle Belästigung gilt jede Handlung mit sexuellem Bezug, die von der betroffenen Person **unerwünscht** ist.

Sexuelle Belästigung kann in folgenden Verhaltensweisen zum Ausdruck kommen:

- Anzügliche Bemerkungen
- Bemerkungen über körperliche Vorzüge oder Schwächen
- Sexistische Sprüche und Witze
- Aufdringliche und taxierende Blicke
- Vorzeigen von pornographischem Material
- Zweideutige Aufforderungen
- Zudringliche Körperkontakte
- Annäherungsversuche verbunden mit der Inaussichtstellung von Vor- oder Nachteilen

2. Allgemeine Verhaltensregeln

Alle Mitarbeiterinnen und Mitarbeiter sollen sich rücksichtsvoll einander gegenüber verhalten und die persönlichen Grenzen anderer respektieren.

Mitarbeiterinnen und Mitarbeiter, die Belästigungen gegenüber Dritten bemerken, sollen die belästigenden Personen darauf hinweisen, dass dieses Verhalten unzulässig ist und sie sollen die betroffenen Personen unterstützen.

Betroffene Mitarbeiterinnen und Mitarbeiter sollen den belästigenden Personen klar zu verstehen geben, dass sie sich belästigt fühlen und das betreffende Verhalten unerwünscht ist.

3. Pflichten der Vorgesetzten

Vorgesetzte sind in ihrem Zuständigkeitsbereich für eine belästigungsfreie Arbeitsatmosphäre verantwortlich.

Sie sollen ihre Untergebenen auf die Verhaltensgrundsätze hinweisen und gegebenenfalls korrigierend eingreifen.

Sie haben Beschwerden ernstzunehmen, die betroffene Person zu unterstützen und in Zusammenarbeit mit ihr und der Vertrauensperson die zweckmässigen Massnahmen zu treffen. Sie haben die betroffene Person auch auf die Möglichkeit eines formellen Beschwerdeverfahrens hinzuweisen.

4. Vertrauenspersonen

Die Z.AG bezeichnet mindestens eine weibliche und eine männliche Vertrauensperson. Die Mitarbeiterinnen und Mitarbeiter sind vorschlagsberechtigt.

Die Vertrauensperson berät und unterstützt die betroffenen Mitarbeiterin bzw. den betroffenen Mitarbeiter. Sie unternimmt in Zusammenarbeit mit ihr/ihm die geeigneten informellen Schritte, um Belästigungen ein Ende zu setzen.

Sie informiert die betroffenen Personen über die rechtlichen Möglichkeiten und insbesondere über das formelle Beschwerdeverfahren vor der Beschwerdekommission.

5. Beschwerdekommission

Jede sexuell belästigte Mitarbeiterin und jeder sexuell belästigter Mitarbeiter kann verlangen, dass ein formelles Beschwerdeverfahren vor der Kommission durchgeführt wird.

Die Z.AG bezeichnet die Beschwerdekommission, wobei die Mitarbeiterinnen und Mitarbeiter vorschlagsberechtigt sind.

Die Beschwerdekommission besteht aus zwei Frauen und einen Mann. Den Vorsitz hat eine Frau. Jedes Kommissionsmitglied hat eine Stellvertreterin bzw. einen Stellvertreter.

Die Beschwerdekommission führt auf Beschwerde hin die interne Untersuchung durch, informiert die Geschäftsleitung über das Resultat und beantragt die ihr angebracht erscheinenden Massnahmen und Sanktionen.

6. Beschwerdeverfahren

Einleitung

Beschwerden sind einem Mitglied der Kommission einzureichen. Die Vorsitzende beruft unverzüglich eine Sitzung ein, in welcher der konkrete Verfahrensablauf festgelegt wird.

Die Vorsitzende setzt umgehend die beschuldigte Person, die direkten Vorgesetzten der beschuldigten und der beschwerdeführenden Person sowie die Geschäftsleitung von der Beschwerdeerhebung in Kenntnis.

Die Beschwerdekommission und alle informierten Personen sind gegenüber Dritten zur Verschwiegenheit verpflichtet.

Durchführung

Die Kommission befragt die betroffene und die beschuldigte Person, allfällige Zeuginnen und Zeugen sowie die involvierte Vertrauensperson. Sie stellt Beweismaterial sicher und führt Protokoll über die Befragungen und die Untersuchung.

Die Untersuchungen sind schnellst möglich und auf jeden Fall innerhalb von vier Wochen durchzuführen. Anschliessend unterbreitet die Kommission das Resultat der Untersuchung zusammen mit ihren Anträgen der Geschäftsleitung. Diese trifft nach Rücksprache mit der Kommission ihre Entscheidung.

Rechte der Verfahrensbeteiligten

Beide Parteien haben das Recht auf Begleitung durch eine Person ihrer Wahl. Sie können bei der Befragung von Zeuginnen und Zeugen sowie der Gegenpartei anwesend sein und Ergänzungsfragen stellen.

Die betroffene Partei hat jedoch das Recht, bei ihrer Befragung die Anwesenheit der beschuldigten Partei abzulehnen. In diesem Fall kann sich die beschuldigte Person durch ihren Beistand vertreten lassen.

Während der Untersuchung und sechs Monate danach dürfen die Verfahrensbeteiligten nicht entlassen werden. Es dürfen ihnen auch sonst keinerlei berufliche Nachteile erwachsen. Kündigungen aus begründetem Anlass sowie wegen Missbrauchs des Beschwerderechts bleiben vorbehalten.

7. Konsequenzen für belästigende Personen

Gegenüber belästigenden Personen werden je nach Schwere folgende Massnahmen ergriffen:

- Mündlicher oder schriftlicher Verweis
- Versetzung
- Verwarnung unter Androhung der Kündigung
- Ordentliche Kündigung
- Fristlose Kündigung

Zivil- und strafrechtliche Schritte bleiben vorbehalten.

Bundesgesetz über die Gleichstellung von Frau und Mann

(Gleichstellungsgesetz, GlG)

vom 24. März 1995

Die Bundesversammlung der Schweizerischen Eidgenossenschaft,
gestützt auf die Artikel 4 Absatz 2, 34ter Absatz 1 Buchstabe a, 64 und 85 Ziffer 3 der Bundesverfassung,
nach Einsicht in die Botschaft des Bundesrates vom 24. Februar 1993,
beschliesst:

1. Abschnitt: Zweck

Art. 1
Dieses Gesetz bezweckt die Förderung der tatsächlichen Gleichstellung von Frau und Mann.

2. Abschnitt: Gleichstellung im Erwerbsleben

Art. 2   Grundsatz
Dieser Abschnitt gilt für Arbeitsverhältnisse nach Obligationenrecht sowie für alle öffentlichrechtlichen Arbeitsverhältnisse in Bund, Kantonen und Gemeinden.

Art. 3   Diskriminierungsverbot
[1] Arbeitnehmerinnen und Arbeitnehmer dürfen aufgrund ihres Geschlechts weder direkt noch indirekt benachteiligt werden, namentlich nicht unter Berufung auf den Zivilstand, auf die familiäre Situation oder, bei Arbeitnehmerinnen, auf eine Schwangerschaft.

[2] Das Verbot gilt insbesondere für die Anstellung, Aufgabenzuteilung, Gestaltung der Arbeitsbedingungen, Entlöhnung, Aus- und Weiterbildung, Beförderung und Entlassung.

[3] Angemessene Massnahmen zur Verwirklichung der tatsächlichen Gleichstellung stellen keine Diskriminierung dar.

Art. 4   Diskriminierung durch sexuelle Belästigung
Diskriminierend ist jedes belästigende Verhalten sexueller Natur oder ein anderes Verhalten aufgrund der Geschlechtszugehörigkeit, das die Würde von Frauen und

Männern am Arbeitsplatz beeinträchtigt. Darunter fallen insbesondere Drohungen, das Versprechen von Vorteilen, des Auferlegen von Zwang und das Ausüben von Druck zum Erlangen eines Entgegenkommens sexueller Art.

Art. 5 Rechtsansprüche

¹ Wer von einer Diskriminierung im Sinne der Artikel 3 und 4 betroffen ist, kann dem Gericht oder der Verwaltungsbehörde beantragen:
  a. eine drohende Diskriminierung zu verbieten oder zu unterlassen;
  b. eine bestehende Diskriminierung zu beseitigen;
  c. eine Diskriminierung festzustellen, wenn diese sich weiterhin störend auswirkt;
  d. die Zahlung des geschuldeten Lohns anzuordnen.

² Besteht die Diskriminierung in der Ablehnung einer Anstellung oder in der Kündigung eines obligationenrechtlichen Arbeitsverhältnisses, so hat die betroffene Person lediglich Anspruch auf eine Entschädigung. Diese ist unter Würdigung aller Umstände festzusetzen und wird auf der Grundlage des voraussichtlichen oder tatsächlichen Lohns errechnet.

³ Bei einer Diskriminierung durch sexuelle Belästigung kann das Gericht oder die Verwaltungsbehörde der betroffenen Person zudem auch eine Entschädigung zusprechen, wenn die Arbeitgeberinnen oder die Arbeitgeber nicht beweisen, dass sie Massnahmen getroffen haben, die zur Verhinderung sexueller Belästigungen nach der Erfahrung notwendig und angemessen sind und die ihnen billigerweise zugemutet werden können. Die Entschädigung ist unter Würdigung aller Umstände festzusetzen und wird auf der Grundlage des schweizerischen Durchschnittslohns errechnet.

⁴ Die Entschädigung bei Diskriminierung in der Ablehnung einer Anstellung nach Absatz 2 darf den Betrag nicht übersteigen, der drei Monatslöhnen entspricht. Die Gesamtsumme der Entschädigungen darf diesen Betrag auch dann nicht übersteigen, wenn mehrere Personen einen Anspruch auf eine Entschädigung wegen diskriminierender Ablehnung derselben Anstellung geltend machen. Die Entschädigung bei Diskriminierung in der Kündigung eines obligationenrechtlichen Arbeitsverhältnisses nach Absatz 2 und bei Diskriminierung durch sexuelle Belästigung nach Absatz 3 darf den Betrag nicht übersteigen, der sechs Monatslöhnen entspricht.

⁵ Vorbehalten bleiben Ansprüche auf Schadenersatz und Genugtuung sowie weitergehende vertragliche Ansprüche.

Art. 6 Beweislasterleichterung

Bezüglich der Aufgabenzuteilung, Gestaltung der Arbeitsbedingungen, Entlöhnung, Aus- und Weiterbildung, Beförderung und Entlassung wird eine Diskriminierung vermutet, wenn diese von der betroffenen Person glaubhaft gemacht wird.

Art. 7 Klagen und Beschwerden von Organisationen

¹ Organisationen, die nach ihren Statuten die Gleichstellung von Frau und Mann fördern oder die Interessen der Arbeitnehmerinnen und Arbeitnehmer wahren und seit mindestens zwei Jahren bestehen, können im eigenen Namen feststellen lassen, dass eine Diskriminierung vorliegt, wenn der Ausgang des Verfahrens sich voraussichtlich auf eine grössere Zahl von Arbeitsverhältnissen auswirken wird.

Sie müssen der betroffenen Arbeitgeberin oder dem betroffenen Arbeitgeber Gelegenheit zur Stellungnahme geben, bevor sie eine Schlichtungsstelle anrufen oder eine Klage einreichen.

² Im übrigen gelten die Bestimmungen für die Klagen und Beschwerden von Einzelpersonen sinngemäss.

3. Abschnitt: Besondere Bestimmungen für Arbeitsverhältnisse nach Obligationenrecht

Art. 8 Verfahren bei diskriminierender Ablehnung der Anstellung

¹ Personen, deren Bewerbung für eine Anstellung nicht berücksichtigt worden ist und die eine Diskriminierung geltend machen, können von der Arbeitgeberin oder vom Arbeitgeber eine schriftliche Begründung verlangen.

² Der Anspruch auf eine Entschädigung nach Artikel 5 Absatz 2 ist verwirkt, wenn nicht innert drei Monaten, nachdem die Arbeitgeberin oder der Arbeitgeber die Ablehnung der Anstellung mitgeteilt hat, die Klage angehoben wird.

Art. 9 Verfahren bei diskriminierender Kündigung

Wird eine Arbeitnehmerin oder ein Arbeitnehmer durch die Kündigung diskriminiert, ist Artikel 336b des Obligationenrechts anwendbar.

Art. 10 Kündigungsschutz

¹ Die Kündigung des Arbeitsverhältnisses durch die Arbeitgeberin oder den Arbeitgeber ist anfechtbar, wenn sie ohne begründeten Anlass auf eine innerbetriebliche Beschwerde über eine Diskriminierung oder auf die Anrufung der Schlichtungsstelle oder des Gerichts durch die Arbeitnehmerin oder den Arbeitnehmer folgt.

² Der Kündigungsschutz gilt für die Dauer eines innerbetrieblichen Beschwerdeverfahrens, eines Schlichtungs- oder eines Gerichtsverfahrens sowie sechs Monate darüber hinaus.

³ Die Kündigung muss vor Ende der Kündigungsfrist beim Gericht angefochten werden. Das Gericht kann die provisorische Wiedereinstellung der Arbeitnehmerin oder des Arbeitnehmers für die Dauer des Verfahrens anordnen, wenn es wahr-

scheinlich erscheint, dass die Voraussetzungen für die Aufhebung der Kündigung erfüllt sind.

⁴ Die Arbeitnehmerin oder der Arbeitnehmer kann während des Verfahrens auf die Weiterführung des Arbeitsverhältnisses verzichten und stattdessen eine Entschädigung nach Artikel 336a des Obligationenrechts geltend machen.

Dieser Artikel gilt sinngemäss für Kündigungen, die wegen der Klage einer Organisation nach Artikel 7 erfolgen.

Art. 11 Schlichtungsverfahren

¹ Die Kantone bezeichnen Schlichtungsstellen. Diese beraten die Parteien und versuchen, eine Einigung herbeizuführen.

² Das Schlichtungsverfahren ist für die Parteien freiwillig. Die Kantone können jedoch vorsehen, dass die gerichtliche Klage erst nach der Durchführung des Schlichtungsverfahrens angehoben werden kann.

³ Die Schlichtungsstelle muss innerhalb der Klagefrist angerufen werden, wenn das Gesetz eine solche vorsieht. In diesem Fall ist die gerichtliche Klage innerhalb von drei Monaten nach Abschluss des Schlichtungsverfahrens einzureichen.

⁴ Das Schlichtungsverfahren ist kostenlos.

⁵ Durch Gesamtarbeitsvertrag kann die Schlichtung von Streitigkeiten zwischen Arbeitnehmerverbänden und einzelnen Arbeitgeberinnen oder Arbeitgebern unter Ausschluss der staatlichen Schlichtungsstellen auf im Vertrag vorgesehene Organe übertragen werden.

Art. 12 Zivilrechtspflege

¹ In Streitigkeiten über Diskriminierung im Erwerbsleben dürfen die Kantone das schriftliche Verfahren und die Prozessvertretung nicht ausschliessen.

² Artikel 343 des Obligationenrechts ist unabhängig vom Streitwert anwendbar.

4. Abschnitt: Rechtsschutz bei öffentlichrechtlichen Arbeitsverhältnissen

Art. 13

¹ Der Rechtsschutz bei öffentlichrechtlichen Arbeitsverhältnissen richtet sich nach den allgemeinen Bestimmungen über die Bundesrechtspflege. Für Beschwerden von Bundespersonal gilt ausserdem Artikel 58 des Beamtengesetzes vom 30. Juni 1927.

² Wird eine Person durch die Abweisung ihrer Bewerbung für die erstmalige Begründung eines Arbeitsverhältnisses diskriminiert, so ist Artikel 5 Absatz 2 anwend-

bar. Die Entschädigung kann direkt mit Beschwerde gegen die abweisende Verfügung verlangt werden.

³ Auf Antrag der Beschwerdeführerin oder des Beschwerdeführers begutachtet eine Fachkommission Beschwerden gegen erstinstanzliche Verfügungen über das Dienstverhältnis von Bundespersonal.

⁴ Artikel 103 Buchstabe b des Bundesrechtspflegegesetzes ist auf Verfügung letzter kantonaler Instanzen nicht anwendbar.

⁵ Das Verfahren ist kostenlos; ausgenommen sind Fälle von mutwilliger Prozessführung.

5. Abschnitt: Finanzhilfen

Art. 14   Förderungsprogramme

¹ Der Bund kann öffentlichen oder privaten Institutionen, die Programme zur Förderung der Gleichstellung von Frau und Mann im Erwerbsleben durchführen, Finanzhilfen gewähren. Er kann selbst Programme durchführen.

² Die Programme können dazu dienen:
  a. die inner- oder ausserbetriebliche Aus- und Weiterbildung zu fördern;
  b. die Vertretung der Geschlechter in den verschiedenen Berufen, Funktionen und Führungsebenen zu verbessern;
  c. die Vereinbarkeit von beruflichen und familiären Aufgaben zu verbessern;
  d. Organisationen und Infrastrukturen am Arbeitsplatz zu fördern, welche die Gleichstellung begünstigen.

In erster Linie werden Programme mit neuartigem und beispielhaftem Inhalt unterstützt.

Art. 15   Beratungsstellen

Der Bund kann privaten Institutionen Finanzhilfe gewähren für:
  a. die Beratung und die Information von Frauen im Erwerbsleben;
  b. Die Förderung der Wiedereingliederung von Frauen und Männern, die ihre berufliche Tätigkeit zugunsten familiärer Aufgaben unterbrochen haben.

6. Abschnitt: Eidgenössisches Büro für die Gleichstellung von Frau und Mann

Art. 16

¹ Das Eidgenössische Büro für die Gleichstellung von Frau und Mann fördert die Gleichstellung der Geschlechter in allen Lebensbereichen und setzt sich für die Beseitigung jeglicher Form direkter oder indirekter Diskriminierung ein.

² Zu diesem Zweck nimmt es namentlich folgende Aufgaben wahr.
   a. es informiert die Öffentlichkeit;
   b. es berät Behörden und Private;
   c. es führt Untersuchungen durch und empfiehlt Behörden und Privaten geeignete Massnahmen;
   d. es kann sich an Projekten von gesamtschweizerischer Bedeutung beteiligen;
   e. es wirkt an der Ausarbeitung von Erlassen des Bundes mit, soweit diese für die Gleichstellung von Bedeutung sind;
   f. es prüft die Gesuche um Finanzhilfen nach den Artikeln 14 und 15 und überwacht die Durchführung der Förderungsprogramme.

7. Abschnitt: Schlussbestimmungen

Art 17   Übergangsbestimmung

Ansprüche nach Artikel 5 Absatz 1 Buchstabe d werden nach neuem Recht beurteilt, wenn die zivilrechtliche Klage nach dem Inkrafttreten des Gesetzes erhoben worden ist oder die erstinstanzlich zuständige Behörde bis zu diesem Zeitpunkt noch keine Verfügung getroffen hat.

Auszug aus dem Schweizerischen Obligationenrecht

Art. 324
¹ Kann die Arbeit infolge Verschuldens des Arbeitgebers nicht geleistet werden oder kommt er aus anderen Gründen mit der Annahme der Arbeitsleistung in Verzug, so bleibt er zur Entrichtung des Lohnes verpflichtet, ohne dass der Arbeitnehmer zur Nachleistung verpflichtet ist.

² Der Arbeitnehmer muss sich auf den Lohn anrechnen lassen, was er wegen Verhinderung an der Arbeitsleistung erspart oder durch anderweitige Arbeit erworben oder zu erwerben absichtlich unterlassen hat.

Art. 324a
¹ Wird der Arbeitnehmer aus Gründen, die in seiner Person liegen, wie Krankheit, Unfall, Erfüllung gesetzlicher Pflichten oder Ausübung eines öffentlichen Amtes, ohne sein Verschulden an der Arbeitsleistung verhindert, so hat ihm der Arbeitgeber für eine beschränkte Zeit den darauf entfallenden Lohn zu entrichten, samt einer angemessenen Vergütung für ausfallenden Naturallohn, sofern das Arbeitsverhältnis mehr als drei Monate gedauert hat oder für mehr als drei Monate eingegangen ist.

² Sind durch Abrede, Normalarbeitsvertrag oder Gesamtarbeitsvertrag nicht längere Zeitabschnitte bestimmt, so hat der Arbeitgeber im ersten Dienstjahr den Lohn für drei Wochen und nachher für eine angemessene längere Zeit zu entrichten, je nach der Dauer des Arbeitsverhältnisses und den besonderen Umständen.

³ Bei Schwangerschaft und Niederkunft der Arbeitnehmerin hat der Arbeitgeber den Lohn im gleichen Umfang zu entrichten.

⁴ Durch schriftliche Abrede, Normalarbeitsvertrag oder Gesamtarbeitsvertrag kann eine von den vorstehenden Bestimmungen abweichende Regelung getroffen werden, wenn sie für den Arbeitnehmer mindestens gleichwertig ist.

Art. 328
¹ Der Arbeitgeber hat im Arbeitsverhältnis die Persönlichkeit des Arbeitnehmers zu achten und zu schützen, auf dessen Gesundheit gebührend Rücksicht zu nehmen und für die Wahrung der Sittlichkeit zu sorgen. Er muss insbesondere dafür sorgen, dass Arbeitnehmerinnen und Arbeitnehmer nicht sexuell belästigt werden, und dass den Opfern von sexuellen Belästigungen keine weiteren Nachteile entstehen.

² Er hat zum Schutz von Leben, Gesundheit und persönlicher Integrität der Arbeitnehmerinnen und Arbeitnehmern die Massnahmen zu treffen, die nach der Erfahrung notwendig, nach dem Stand der Technik anwendbar und den Verhältnissen

des Betriebes oder Haushaltes angemessen sind, soweit es mit Rücksicht auf das einzelne Arbeitsverhältnis und die Natur der Arbeitsleistung ihm billigerweise zugemutet werden kann.

Art. 328a

¹ Lebt der Arbeitnehmer in Hausgemeinschaft mit dem Arbeitgeber, so hat dieser für ausreichende Verpflegung und einwandfreie Unterkunft zu sorgen.

² Wir der Arbeitnehmer ohne sein Verschulden durch Krankheit oder Unfall an der Arbeitsleistung verhindert, so hat der Arbeitgeber Pflege und ärztliche Behandlung für eine beschränkte Zeit zu gewähren, im ersten Dienstjahr für drei Wochen und nachher für eine angemessene längere Zeit, je nach der Dauer des Arbeitsverhältnisses und den besonderen Umständen.

³ Bei Schwangerschaft und Niederkunft der Arbeitnehmerin hat der Arbeitgeber die gleichen Leistungen zu gewähren.

Auszug aus dem Arbeitsgesetz und den dazu gehörenden Verordnungen

Art. 33   Allgemeine Vorschriften

[1] Der Arbeitgeber hat auf die Gesundheit der weiblichen Arbeitnehmer gebührend Rücksicht zu nehmen und für die Wahrung der Sittlichkeit zu sorgen.

[2] Die Verwendung weiblicher Arbeitnehmer für bestimmte Arbeiten kann zum Schutze von Leben und Gesundheit oder zur Wahrung der Sittlichkeit durch Verordnung untersagt oder von besonderen Voraussetzungen abhängig gemacht werden.

Art. 34   Arbeits- und Ruhezeit

[1] Die Tagesarbeit der weiblichen Arbeitnehmer muss, mit Einschluss der Arbeitsunterbrechungen, innert eines Zeitraums von 12 Stunden liegen. Die Grenzen der Tagesarbeit dürfen nur von 6 Uhr bis 5 Uhr und von 20 Uhr bis 22 Uhr verschoben werden.

[2] Wird die wöchentliche Arbeitszeit im Einverständnis mit den Arbeitnehmern durchgehend oder für einzelne Wochen auf fünf Tage festgelegt, so darf die Grenze der Tagesarbeit bis 23 Uhr verschoben werden, und bei schichtähnlichem Gruppenbetrieb darf die Tagesarbeit, mit Einschluss der Arbeitsunterbrechungen, innert eines Zeitraums von 13 Stunden liegen.

[3] Nacht- oder Sonntagsarbeit von weiblichen Arbeitnehmern darf nur unter besonderen, durch Verordnung zu bestimmenden Voraussetzungen bewilligt werden.

Art. 35   Schutz der Schwangeren und Mütter

[1] Schwangere dürfen nur mit ihrem Einverständnis und keinesfalls über die ordentliche Dauer der täglichen Arbeit hinaus beschäftigt werden. Sie dürfen auf blosse Anzeige hin von der Arbeit wegbleiben oder diese verlassen.

[2] Wöchnerinnen dürfen während acht Wochen nach ihrer Niederkunft nicht beschäftigt werden, doch darf der Arbeitgeber auf ihr Verlangen diesen Zeitraum bis auf sechs Wochen verkürzen, sofern der Wiedereintritt der Arbeitsfähigkeit durch ärztliches Zeugnis ausgewiesen ist.

[3] Stillende Mütter dürfen auch nach Ablauf von acht Wochen seit ihrer Niederkunft nur mit ihrem Einverständnis beschäftigt werden. Zum Stillen ist ihnen die erforderliche Zeit freizugeben.

Art. 36 Weibliche Arbeitnehmer, die einen Haushalt besorgen

¹ Bei der Festsetzung der Arbeits- und Ruhezeit ist auf weibliche Arbeitnehmer, die einen Haushalt mit Familienangehörigen besorgen, Rücksicht zu nehmen. Auf ihr Verlangen ist ihnen eine Mittagspause von weni**gstens anderthalb Stunden zu gewähren.**

² Weibliche Arbeitnehmer, die einen Haushalt mit Familienangehörigen besorgen, dürfen nur mit ihrem Einverständnis zu Überzeitarbeit und in industriellen Betrieben nicht zu Hilfsarbeit herangezogen werden.

Verordnung 1 zum Arbeitsgesetz

Art. 66 Für alle weiblichen Arbeitnehmer verbotene Arbeiten

Weibliche Arbeitnehmer dürfen nicht zu folgenden Arbeiten herangezogen werden:
  a. Bedienung und Unterhalt von Betriebseinrichtungen, wie Maschinen, Antrieben und Transporteinrichtungen, und die Handhabung von Werkzeugen, sofern erfahrungsgemäss damit eine erhebliche Unfallgefahr verbunden ist oder die körperliche Leistungsfähigkeit weiblicher Arbeitnehmer dadurch übermässig beansprucht wird;
  b. Arbeiten , die mit heftiger Erschütterung verbunden sind;
  c. Arbeiten bei grosser Hitze und bei grosser Kälte;
  d. Heben, Tragen und Fortbewegen schwerer Lasten;
  e. Bedienung und Unterhalt von Dampfkesseln und Heisswasserkesseln; ausgenommen sind die in Artikel 8, Absatz 1, Buchstaben a und b der Verordnung vom 9. April 1925 betreffend Aufstellung und Vertrieb von Dampfkesseln und Dampfgefässen genannten, mit gasförmigen oder flüssigen Brennstoffen oder elektrisch geheizten Dampfkesseln sowie die Heisswasserkessel, die in Anlage, Inhalt und Druck solchen Dampfkesseln gleichzustellen sind;
  f. Bedienung und Unterhalt von Druckbehältern mit gesundheitsschädlichem, brand- oder explosionsgefährlichem Inhalt;
  g. Untertagearbeit im Stollenbau und in Bergwerken.

Art. 67 Für schwangere Frauen und stillende Mütter unzulässige Arbeiten

¹ Schwangere Frauen und stillende Mütter dürfen nicht zu Arbeiten herangezogen werden, die sich erfahrungsgemäss auf die Gesundheit, die Schwangerschaft oder das Stillen nachteilig auswirken.

² Schwangere Frauen und stillende Mütter sind auf ihr Verlangen von Arbeiten zu berfreien, die für sie beschwerlich sind.

Art. 68   Tägliche Ruhezeit

Weiblichen Arbeitnehmern ist eine tägliche Ruhezeit von mindestens elf aufeinanderfolgenden Stunden zu gewähren.

Art. 69   Hilfsarbeit

[1] Weibliche Arbeitnehmer dürfen nur an Werktagen und nur innerhalb der Grenzen der Tagesarbeit zu Hilfsarbeit herangezogen werden. Ausgenommen sind Verrichtungen im Sinne von Artikel 41 Absatz 1 Buchstabe h dieser Verordnung.

[2] Artikel 36, Absatz 2 des Gesetzes bleibt vorbehalten.

Art. 70   Nachtarbeit

[1] Ausnahmsweise kann für weibliche Arbeitnehmer Nachtarbeit von der zuständigen Behörde bewilligt werden,
   a. soweit sie für die Berufsbildung unentbehrlich ist;
   b. soweit sie nötig ist, um einem sonst unvermeidlichen Verderb von Gütern vorzubeugen;
   c. soweit die Mitwirkung weiblicher Arbeitnehmer zur Behebung einer Betriebsstörung infolge höherer Gewalt notwendig ist.

[2] Das Bundesamt kann die besonderen Voraussetzungen festsetzen, unter denen weitere Ausnahmen vom Verbot der Nachtarbeit bewilligt werden dürfen.

[3] Mit der Bewilligung von Nachtarbeiten können besondere Auflagen zum Schutz der weiblichen Arbeitnehmer verbunden werden.

Art. 71   Sonntagsarbeit

Für weibliche Arbeitnehmer kann Sonntagsarbeit von der zuständigen Behörde bewilligt werden,
   a. soweit sie für die Berufsbildung unentbehrlich ist;
   b. soweit sie im betreffenden Beruf üblich ist;
   c. soweit sie nötig ist, um einem sonst unvermeidlichen Verderb von Gütern vorzubeugen;
   d. soweit die Mitwirkung weiblicher Arbeitnehmer zur Behebung einer Betriebsstörung infolge höherer Gewalt notwendig ist.

Art. 72   Beschäftigung ausserhalb der Grenzen der Tagesarbeit

Schwangere Frauen und stillende Mütter dürfen nur mit ihrem Einverständnis ausserhalb der Grenzen der Tagesarbeit beschäftigt werden.

Verordnung 3 zum Arbeitsgesetz

Art. 34 Schutz der schwangeren Frauen und stillenden Mütter

Schwangere Frauen und stillende Mütter müssen sich unter geeigneten Bedingungen hinlegen und ausruhen können.

Abkürzungsverzeichnis

a.M.	andere Meinung
Anm.	Anmerkung
ArG	Bundesgesetz über die Arbeit in Industrie, Gewerbe und Handel vom 13.3.1964, SR 822.11
ArGV I	Verordnung I zum Arbeitsgesetz (Allgemeine Verordnung) vom 14.1.1966, SR 822.111
ArGV II	Verordnung II zum Arbeitsgesetz (Sonderbestimmungen für bestimmte Gruppen von Betrieben oder Arbeitnehmer, gestützt auf Art. 27 ARG) vom 14.1.1966, SR 822.112
ArGV III	Verordnung III zum Arbeitsgesetz
Art.	Artikel
AS	Amtliche Sammlung der Bundesgesetze und Verordnungen (Eidgenössische Gesetzessammlung)
BGE	Bundesgerichtsentscheid
BVG	Bundesgesetz über die berufliche Alters-, Hinterlassenen und Invalidenversicherung vom 25.6.1982, SR 831.40
EAV	Einzelarbeitsvertrag
EWG ABl	Amtsblatt der Europäischen Gemeinschaften
FN	Fussnote
FZG	Bundesgesetz über die Freizügigkeit in der beruflichen Alters-, Hinterlassenen- und Invalidenvorsorge, Freizügigkeitsgesetz vom 17.12.1993
GAV	Gesamtarbeitsvertrag
gl.M.	gleicher Meinung
GlG	Bundesgesetz über die Gleichstellung von Mann und Frau, Gleichstellungsgesetz, Entwurf des Bundesrates, Bundesblatt 1993 I 1248, 132 ff
JAR	Jahrbuch des Schweizerischen Arbeitsrechts, herausgegeben von Manfred Rehbinder, Verlag Stämpfli & Cie. AG, Bern
OR	Bundesgesetz betreffend die Ergänzung des Schweizerischen Zivilgesetzbuches, 5. Teil: Obligationenrecht, vom 30.3.1911, SR 220

SAE	Sammlung arbeitsrechtlicher Entscheide, Zentralverband schweizerischer Arbeitgeberorganisationen
SJZ	Schweizerische Juristenzeitung, Zürich
SR	Systematische Sammlung des Bundesrechts
StGB	Schweizerisches Strafgesetzbuch
UWG	Bundesgesetz gegen den unlauteren Wettbewerb vom 19.12.1986, SR 242
ZGB	Schweizerisches Zivilgesetzbuch vom 10.12.1907, SR 210

Literaturhinweise

Aktuelle juristische Praxis	Gleichstellung im Arbeitsrecht, AJP 11/93
Baumann, Bauer, Nyffenegger, Spycher	Gesamtarbeitsverträge – (k)eine Männersache, Verlag Rüegger, Chur, 1995
Botschaft des Bundesrates über die Gleichstellung von Mann und Frau	vom 24.2.1993
Eidg. Büro für die Gleichstellung	Mann und Frau haben Anspruch auf gleichwerigen Lohn, Wegleitung zur Verwirklichung des Lohngleichheitsanspruchs, EDMZ, Bern, 1992
	Sexuelle Belästigung am Arbeitsplatz, EDMZ, Bern, 1993
Hug Walther	Kommentar zum Arbeitsgesetz, Verlag Stämpfli & Cie. AG, Bern, 1971
Mahrer Isabelle	Gleicher Lohn für gleichwertige Arbeit, Verlag SKV, Zürich, 1983
Rehbinder Manfred	Arbeitsgesetz, Orell Füssli, Zürich, 4. Auflage, 1987
Rehbinder Manfred	Berner Kommentar zum Schweiz. Privatrecht, Bd. 6, das Obligationenrecht, 2. Abt., 2. Teilband, Der Arbeitsvertrag, 1. Abschnitt, Art. 319–330a, Verlag Stämpfli & Cie. AG, Bern, 1985
Rehbinder Manfred	Berner Kommentar zum Schweiz. Privatrecht, Bd. 6, Das Obligationenrecht, 2. Abt., 2. Teilband, Der Arbeitsvertrag, 1. Abschnitt, Art. 331–355 OR, Verlag Stämpfli & Cie. AG, Bern, 1992
Streiff U./von Känel A.	Arbeitsvertrag, 1993, Schulthess Polygraphischer Verlag, Zürich
Stutz H.	Lohngleichheit für Mann und Frau, Schlussbericht Arbeitsgruppe Lohngleichheit, Bern, 1990
Vischer Frank	Der Arbeitsvertrag, Helbing und Lichtenhahn, Basel, 1994